Harriet Gandlau

Mosaik RU

Bausteine und Elemente

Ein Leitfaden für AusbildungslehrerInnen
und BerufsanfängerInnen

Deutscher Katecheten-Verein e.V., München 2000

© Deutscher Katecheten-Verein e.V., München 2000

Auslieferung: DKV-Buchdienst
Preysingstraße 97, 81667 München
Tel. (089) 48092-1245, Fax -1237

ISBN-10: 3-88207-320-9
ISBN-13: 978-3-88207-320-1

INHALTSVERZEICHNIS

VORWORT 5

KAPITEL 1:
VON DER JAHRESPLANUNG ZUR UNTERRICHTSSTUNDE 7

KAPITEL 2:
LEHRERFRAGE – IMPULS – UNTERRICHTSGESPRÄCH 31

KAPITEL 3:
METHODEN DER ERGEBNISSICHERUNG: TAFEL – HEFT – LEGEBILD 41

KAPITEL 4:
UMGANG MIT DISZIPLIN-PROBLEMEN 57

KAPITEL 5:
BIBEL IM RELIGIONSUNTERRICHT 67

KAPITEL 6:
ARBEIT MIT TEXTEN 79

KAPITEL 7:
ARBEIT MIT BILDERN 91

KAPITEL 8:
UMGANG MIT SYMBOLEN 105

KAPITEL 9:
LEISTUNGSBEURTEILUNG IM RELIGIONSUNTERRICHT 113

LITERATURVERZEICHNIS 122

VORWORT

Der Leitfaden „**Mosaik RU. Bausteine und Elemente**" hat sich aus der praktischen Arbeit mit Praktikant/innen des Pastoralkurses und ihren Betreuungslehrer/innen in der Erzdiözese München und Freising entwickelt. Ziel des zweijährigen Ausbildungsabschnitts ist es, Pastoralpraktikant/innen durch Hospitation, Unterrichten in Begleitung eines Mentors / einer Mentorin sowie durch die Teilnahme an acht religionspädagogischen Ausbildungstagen auf eigenständiges Unterrichten vorzubereiten.

Ausgehend von grundsätzlichen didaktischen Fragestellungen stellt der Leitfaden in neun Kapiteln unterrichtliche Handlungsfelder vor, die für den Einstieg in die religionspädagogische Berufspraxis relevant sind. Im Gespräch mit den Praktikant/innen hat sich die hier vorgeschlagene Abfolge der Handlungsfelder als sinnvoll erwiesen. Allgemeinpädagogische Themen zu Beginn der Ausbildungsphase schaffen die Voraussetzungen für einen strukturierten Unterricht, die dann durch die weiteren religionspädagogisch orientierten Themen gezielt weitergeführt und differenziert werden.

Der Leitfaden „Mosaik RU. Bausteine und Elemente" ist sowohl gedacht für Religionslehrer/innen, die Student/innen der Religionspädagogik bzw. Pastoralpraktikant/innen oder Lehramtsanwärter-/innen für Grund-, Haupt- und Förderschulen (bzw. für die Sekundarstufe I) betreuen, aber auch zur Information der Berufsanfänger/innen selbst. Die Arbeitsmaterialien sind bewusst so dargestellt, dass wesentliche religionspädagogische Aspekte im Überblick erfasst werden können.

Die vorgestellten Elemente möchten zu einem Religionsunterricht anregen, der die Schüler/innen als Subjekte ihrer religiösen Identitätsentwicklung ernst nimmt. Dabei sollen die Lehrkräfte darin unterstützt werden, religiöse Wahrnehmungs-, Gestaltungs- und Sprachfähigkeit der Schüler/innen zu fördern. Sie finden Übungen, Kopiervorlagen, Literatur- und Materiallisten, Fragebögen etc., die den Weg des „Lehrenlernens" anschaulich begleiten und fördern.

Ein besonderer Dank gilt Herrn Dr. Wilhelm Albrecht für die Veröffentlichung des Heftes und meinen Kolleginnen Frau Elisabeth Heislbetz und Frau Elisabeth Stork für die konstruktive Zusammenarbeit im Pastoralkurs.

München, im Mai 2000

Harriet Gandlau

1. Kapitel:
Von der Jahresplanung zur Unterrichtsstunde

1. Von der Jahresplanung zur Unterrichtsstunde

Zu Beginn eines Schuljahres erstellt jede/r Lehrer/in einen **klassenbezogenen Lehrplan**. Im Rahmen einer Grobübersicht werden in das entsprechende Schema die Themen eines Schuljahres eingetragen, wobei Ferienzeiten, Absprachen für fächerübergreifendes Unterrichten, Wochen für Fortbildungen, Schullandheimaufenthalte, Berufspraktika etc. mit zu berücksichtigen sind.

Im Anschluss an die Jahresplanung beginnt die „**Planung einer Unterrichtssequenz**" - die einzelnen Punkte dienen als Anregung, das Schema der Tabelle entsprechend auszufüllen. Werden die Schüler/innen als Subjekte ihres Lernens ernst genommen, so sind sie an der Themenkonstitution zu beteiligen (*Punkt 5*). D.h. der/die Lehrer/in stellt erste Planungsüberlegungen vor, zu denen die Schüler/innen Assoziationen äußern, sie in Frage stellen oder ergänzen. Dabei soll den Schüler/innen deutlich werden, in welchem Bezug das Thema zu ihrer Lebenswelt steht.

Bevor die konkrete Unterrichtstunde bzw. -einheit geplant wird, ist es erforderlich **Vorüberlegungen** im Sinne einer Didaktischen Analyse anzustellen und sich die Lernziele bzw. die angestrebten Lernprozesse bewusst zu machen. Die **Vorschläge für eine Verlaufsplanung** führen eine Anzahl von didaktischen und methodischen Begriffen sowie Vorgehensweisen auf, die als Möglichkeiten verstanden werden sollen, wie ein Stundenverlauf schriftlich formuliert werden kann. Das Verlaufsschema weist absichtlich keine Spalte für die Minuteneinteilung einer Unterrichtsstunde auf, um nicht den pünktlichen Ablauf eines Unterrichtsschritts in den Vordergrund zu stellen, sondern im Sinne eines schülerorientierten Unterrichts Raum zu geben für eventuelle thematische Umwege, Fragen, Störungen und verweilende Momente bei wesentlichen Aspekten.

Die „**Didaktische Landkarte**" bietet einen zusammenfassenden Überblick zum Aufbau einer Unterrichtsstunde, die dem/der Berufsanfänger/in die einzelnen Schritte auf einen Blick vor Augen führen soll.

Die **Nachbesprechung des Unterrichts** und die **Beobachtungskriterien** stellen sowohl für den/die Berufsanfänger/in als auch für den/die Betreuungslehrer/in eine Möglichkeit dar, den hospitierten Unterricht zu reflektieren. Um die Beobachtungskriterien griffbereit und übersichtlich im Unterricht anwenden zu können, ist es sinnvoll, die einzelnen Beobachtungsfelder auf Karteikartenformat zu übertragen.

Die Übersichten über **Materialien und Literatur für schüler- und handlungsorientierten RU** beschließen dieses Kapitel.

Klassenbezogener Lehrplan   Kath. Religionslehre Jahrgangsstufe ___   Schuljahr ___/___

September	Oktober	November	Dezember	Januar	Februar	März	April	Mai	Juni	Juli
35. Woche	40. Woche			1. Woche			14. Woche			27. Woche
36. Woche	41. Woche	45. Woche	49. Woche	2. Woche	6. Woche	10. Woche	15. Woche	19. Woche	23. Woche	28. Woche
37. Woche	42. Woche	46. Woche	50. Woche	3. Woche	7. Woche	11. Woche	16. Woche	20. Woche	24. Woche	29. Woche
38. Woche	43. Woche	47. Woche	51. Woche	4. Woche	8. Woche	12. Woche	17. Woche	21. Woche	25. Woche	30. Woche
39. Woche	44. Woche	48. Woche	52. Woche	5. Woche	9. Woche	13. Woche	18. Woche	22. Woche	26. Woche	31. Woche

Planung einer Unterrichtssequenz

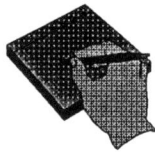

1. Ein Themenbereich, wie er im Lehrplan angelegt ist, sollte in einem Zeitraum von etwa 8 bis 9 Unterrichtsstunden (UZE: Unterrichtszeiteinheit) durchgeführt werden.

2. Behalten Sie den eventuellen fächerübergreifenden Aspekt im Auge, der mit anderen Kolleg/innen abgesprochen und zeitlich koordiniert werden muss.

3. Überlegen Sie, welche Schwerpunkte bzw. Lernakzente im Hinblick auf Ihre Schüler/innen und ihre Lebenssituation gesetzt werden sollten!

4. Achten Sie darauf, dass die Inhalte des Lehrplans verbindlich sind, es sei denn, sie sind durch „z.B." oder „ggf." gekennzeichnet. Da können Sie weglassen, etwas hinzufügen oder Alternativen einsetzen!

5. Beziehen Sie Ihre Schüler/innen nach den ersten Planungsüberlegungen in die Themenkonstitution mit ein!

6. Leiten Sie von den Inhalten im Lehrplan die Stundenthemen ab. Formulieren Sie die Stundenthemen möglichst genau, schüler/innengemäß und eventuell so, dass sie als Tafelüberschrift dienen könnten!

7. Sehen Sie eine Spalte für Medien und Arbeitsmittel vor! Müssen Sie zu einem Thema längerfristig Materialien vorbereiten bzw. Medien besorgen?

8. Lassen Sie genügend Raum für Wiederholung und Sicherung! Bietet sich der vorliegende Themenbereich für eine Leistungsfeststellung an? (Regel: 2-3 Lernzielkontrollen pro Halbjahr ab der 3. Jahrgangsstufe)

Planung einer Unterrichtssequenz

Themenbereich ___ : _____ Jahrgangsstufe ___

Monat: _____

Ziele/Inhalte	UZE	Stundenthemen	Arbeitsmittel/Medien

Vorüberlegungen zu einer Unterrichtseinheit

1. Schülerinnen und Schüler der Klasse (Bedingungsanalyse)
- Sozialstruktuktur der Klasse
- Entwicklungs- und religionspsychologische Voraussetzungen der/des Einzelnen
- Kenntnisstand und Leistungsfähigkeit der Klasse
- Arbeitshaltung, Umgang mit bestimmten Sozial- und Aktionsformen
- Klassenatmosphäre und gruppendynamische Konstellation
- Verhalten in der Klasse, evtl. Verhaltensauffälligkeiten

In der Klärung der anthropologischen und sozialen Voraussetzungen geht es um die Darlegung der Faktoren, die für die weitere Planung der Religionsstunde unablässig sind. Dazu gehören das religiöse Umfeld, das Vorwissen, die Interessenslage oder zu erwartende Schwierigkeiten und Widerstände.

2. Sacherschließung zu den ausgewählten Lerninhalten (Sachanalyse)

- Thematische Auseinandersetzung mit dem Inhalt (theologische Aspekte)

  Hier sollte die theologische Eigenaussage des gewählten Themas reflektiert werden. Bei biblischen Themen gehören dazu auch die wichtigsten exegetischen Befunde.

- Sach- und textgemäße Konzentration

Theologische Inhalte sind so zu elementarisieren, dass sie später auf den Erfahrungsbereich der Lernenden bezogen werden können.

3. Bezug der inhaltlich erschlossenen Thematik zur Lerngruppe (Didaktische Analyse)

- Bedeutung des Inhalts für die Schüler/innen

Hier geht es darum zu überlegen, inwieweit im Erlebnis- und Erfahrungsbereich der Schüler/innen Ansatzpunkte für das gewählte Thema vorhanden sind (anthropologische Aspekte), welche Grunderfahrungen bzw. -bedürfnisse der Schüler/innen berücksichtigt werden und inwieweit die Lebenswirklichkeit der Schüler/innen durch das Thema angesprochen werden kann (religionspädagogisches Anliegen).

- Schwierigkeiten

Zu berücksichtigen sind sachliche, psychologische oder entwicklungsbedingte Schwierigkeiten, die dem Thema entgegenstehen könnten (z.B. bei einem Kirchenthema, bei der Mehrdimensionalität der biblischen Sprache). Welche Möglichkeiten bieten sich an, diesen Barrieren zu begegnen?

4. Vermittlung und Aneignung der Lerninhalte (Methodische Analyse)

- Methodische Überlegungen zur Verwendung bestimmter Arbeitsweisen, Unterrichtsverfahren, Sozial- und Organisationsformen

Zu überlegen ist, mit Hilfe welcher Methoden, Medien, Vorarbeiten das Verstehen angebahnt, zur Auseinandersetzung angeregt werden kann und Handlungsmöglichkeiten eröffnet werden.

vgl. Religionspädagogisches Seminar der Erzdiözese München und Freising, Gliederung einer amtlichen Unterrichtsvorbereitung im Fach Katholische Religionslehre, München o.J.

Zielbeschreibungen

Ziele sollen die angestrebten Lernfortschritte, den **Lernprozess** beschreiben und über die Art der personalen Entwicklung, die bei den Schüler/innen gefördert werden soll, Auskunft geben. Im Hinblick auf schulisches Lernen sind dafür **vier didaktische Schwerpunkte** von besonderer Bedeutung:

- WISSEN
- KÖNNEN UND ANWENDEN
- PRODUKTIV DENKEN UND GESTALTEN
- WERTORIENTIERUNG

Die didaktischen Schwerpunkte unterstützen eine ganzheitliche Bildung, in der die Schüler/innen in allen Bereichen ihrer Persönlichkeit angesprochen und gefördert werden. **Kognitive**, **emotionale**, **soziale** und **motorische** Entwicklungsaspekte können nicht einzelnen Schwerpunkten ausschließlich zugeordnet werden, sondern sind für alle didaktischen Schwerpunkte von Bedeutung.

WISSEN	KÖNNEN UND ANWENDEN	PRODUKTIV DENKEN UND GESTALTEN	WERTORIEN-TIERUNG	
Fakten, Informationen, Sachverhalte, Ereignisse, Modelle, etc.	Methoden, Konzepte, Verfahren, Regeln, Techniken, Gestaltungsmittel, Handlungsweisen, etc.	offene, komplexe Sachverhalte bzw. Situationen, Problemlage, etc.	Motive, Einstellungen, Interessen, Werthaltungen, etc.	I N H A L T E
aufnehmen, kennen lernen, begegnen, erfahren, einen Einblick oder Überblick gewinnen, abrufen, wiedergeben, einordnen, festigen durch Unterscheiden und Auswählen, vertraut werden, etc.	aneignen, anwenden, einüben, festigen, Handlungsweisen aufbauen, beherrschen, etc.	aufmerksam werden, erkennen, entwickeln, bewusst werden, ausprobieren, überprüfen, beurteilen, erfassen, selbständig bearbeiten, entscheiden, eigene Ideen hervorbringen, neue Zusammenhänge herstellen, Gestaltungsvorstellungen verwirklichen, Lösungsmöglichkeiten ausarbeiten und überprüfen, etc.	ein Gespür bekommen, sich öffnen, sich einlassen, sensibel werden, sich orientieren, verinnerlichen, Werthaltungen entwickeln, anderen Menschen mit Achtung begegnen, etc.	P R O Z E S S E
reproduktive Prozesse		**produktive Prozesse**		

Entscheidend für den Unterrichtsverlauf ist nicht das unmittelbar beobachtete Ergebnis; wichtig sind vielmehr das innere Erfassen und Verarbeiten, die psychischen **Prozesse des Lernens** und der Entwicklung also, die sich im einzelnen Schüler/ in der einzelnen Schülerin vollziehen und ihn/sie zur Leistung befähigen.

vgl.: Thomas Gandlau, Didaktische Orientierung: Ziele und Inhalte, in: Handreichungen. Der Lehrplan Katholische Religionslehre. Einführung und Grundlegung. Arbeitshilfen zum Lehrplan Katholische Religionslehre an der Hauptschule, hg. Kath. Schulkommissariat in Bayern, München 1997, S. 89 ff.

Vorschläge für eine mögliche Verlaufsplanung

Lernschritte	Lerninhalte	Methoden	Medien
Einstieg Einstimmung Motivation Hinführung Zielangabe Erschließung Erarbeitung Vertiefung Sicherung Ausdrucks- u. Gestaltungsphase Transfer Ausklang	*Schrittweise Darstellung des Unterrichtsverlaufs unter Angabe der Inhalte, wie:* - *Darstellung von Sachverhalten, unterrichtlichen Schwerpunkten und Kernaussagen* - *Formulierung der Zielangabe* - *Essentielle sprachliche Formulierungen der Lehrkraft und von zu erwartenden Schülerantworten* - *Überleitungen zum nächsten Unterrichtsschritt* - *Formulierung von Arbeitsaufträgen* - *Darstellung der Arbeitsergebnisse* - *Formulierung der Hausaufgabe*	Einzelarbeit (EA) Partnerarbeit (PA) Gruppenarbeit (GA) L.-vortrag (LV) L.-erzählung (LE) Impuls Unterrichtsgespräch (U.G.) Bildbetrachtung Meditation Stilleübung Empathieübung Phantasiereise Raumwege gehen Tanz Stuhlkreis Pantomime Rollenspiel Szen. Darstellung Bildner. Gestalten Kreativ. Schreiben ...	Bild Foto Collage Text Heft AB Buch/Bibel Tafelanschrift (TA) Tafelbild (TB) Folie Film/Video Kassettentext Dia Legebild Legematerial Bauklötze Tuch Kerze Lied Fallbeispiel Musikinstrum. ...

Verlaufsschema

Name:	Datum:
Schule:	Klasse:

Stundenthema:	
Themenbereich:	
Stundenziel:	
Teilziele:	

Lernschritte	Lerninhalte	Methoden	Medien

Lernschritte	Lerninhalte	Methoden	Medien

Geplantes Tafel- oder Legebild/Hefteintrag:

Didaktische Landkarte zum Aufbau einer Unterrichtsstunde im Fach Kath. Religionslehre

Vorerwägungen, die berücksichtigt werden müssen	Was nicht zu umgehen ist: Zielstellung der Unterrichtsstunde	Was in der Unterrichtsstunde alles gemacht werden kann
1) Die Schüler/innen dieser Klasse: Einschätzung: - eventuelles Vorwissen - Sozial- und Leistungsstruktur - Interessenslage - Umgang mit Disziplinproblemen	**1) Lernziel der Unterrichtsstunde:** Was will ich mit der Stunde bei den Schüler/innen erreichen? 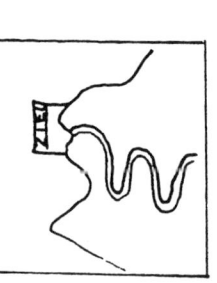 **Die Schüler/innen sollen ...**	***Einstieg:*** nonverbaler Impuls! ***Hinführung:*** Zielangabe nicht vergessen! ***Erschließung:*** Auf ?-technik achten! Lieber Impulse einsetzen! ***Vertiefung/Sicherung:*** 
2) Sacherschließung zu den Lerninhalten:  Grundlegende Struktur des Inhalts (theologische Aspekte): - theologische Kernaussage des Themas - wichtigste exegetische Befunde bei biblischen Themen Bedeutung des Inhalts für die Schüler/innen: - Welche **Grunderfahrungen** und **Grundbedürfnisse** sind zu berücksichtigen? - Inwieweit kann ihre **Lebenswirklichkeit** angesprochen werden? - evtl. sachliche und psychologische **Schwierigkeiten**, die dem Thema entgegenstehen könnten	**2) Teilziele:** • **ein** Teilziel zu jedem Unterrichtsschritt • Teilziele möglichst **konkret** fassen | WISSEN	KÖNNEN UND ANWENDEN	PRODUKTIV DENKEN UND GESTALTEN	WERTORIENTIERUNG
---	---	---	---
Fakten, Informationen, Sachverhalte, Ereignisse, Modelle, etc	Methoden, Konzepte, Verfahren, Regeln, Techniken, Gestaltungsmittel, Handlungsweisen, etc.	offene, komplexe Sachverhalte bzw. Situationen, Problemlage, etc	Motive, Einstellungen, Interessen, Werthaltungen, etc
aufnehmen, kennenlernen, begegnen, erfahren, einen Einblick gewinnen, abrufen, wiedergeben, einordnen, festigen durch Unterscheiden und Auswählen, vertraut werden, etc.	aneignen, anwenden, einüben, festigen, Handlungsweisen aufbauen, beherrschen, etc	aufmerksam werden, erkennen, entwickeln, bewusst werden, ausprobieren, überprüfen, beurteilen, erfassen, entscheiden, selbständig bearbeiten, neue Zusammenhänge herstellen, eigene Ideen hervorbringen, Gestaltungsvariationen verwirklichen, Lösungsmöglichkeiten ausarbeiten und überprüfen, etc.	ein Gespür bekommen, sich öffnen, sich einlassen, sensibel werden, sich orientieren, Werthaltungen entwickeln, anderen Menschen mit Achtung begegnen, etc.
reproduktive Prozesse	Prozesse	produktive Prozesse	PROZESSE INHALTE | • **Affektive Ziele** nicht vergessen!	***Ausdrucks- und Gestaltungsphase/ Transfer:*** Lerninhalte ganzheitlich-handlungsorientiert umsetzen und auf die **Lebenssituation** der Schüler/innen beziehen: *Collage - Klangbilder mit Orff-Instrumenten, Szenische Darstellung - Kreatives Schreiben - Raumwege gehen - Bildner. Gestalten - Tanz* ***Ausklang:***

Nachbesprechung des Unterrichts

Vorüberlegungen

Gerade zu Beginn der Übernahme des Unterrichts fällt es vielen Berufsanfänger/innen schwer, Kritik nicht auf die eigene Person zu beziehen. Schnell fühlen sie sich entmutigt und verlieren den „Spaß" an der Schule, besonders wenn die Schüler/innen ihre anfänglichen Unsicherheiten ausnützen. Deshalb ist es für die Nachbesprechung einer Unterrichtsstunde von essentieller Bedeutung, dass einfühlsam auf problematische Besprechungspunkte eingegangen wird und vor allem gelungene Ansätze ausdrücklich angesprochen und positiv verstärkt werden.

Möglichkeiten der Nachbesprechung

Es gibt viele Methoden, eine Unterrichtsstunde so nachzubesprechen, dass Berufsanfänger/innen daraus lernen und zum weiteren Arbeiten ermutigt werden. Für die anfängliche Nachbesprechung empfiehlt es sich, möglichst nur einen Beobachtungspunkt, der zudem vorher mit dem/der Lehrenden abgesprochen wurde, genauer zu analysieren. Von Zeit zu Zeit sollte freilich eine Unterrichtsstunde intensiver nachbereitet werden, um die Gesamtprozesse des Unterrichts nicht aus den Augen zu verlieren. Folgendes Vorgehen bei der Nachbesprechung ist möglich[1]:

➤ Der/die Lehrer/in erhält die Gelegenheit, sich spontan zur Unterrichtsstunde zu äußern.

➤ Es werden gezielt Fragen gestellt, wie z.B.:

- Welche möglichen Schwierigkeiten haben Sie bei der Vorbereitung der Unterrichtsstunde erwartet?

- Wie empfanden Sie den Ablauf der Unterrichtsstunde?

- An welchen Stellen Ihres Unterrichts haben Sie sich wohl/ unwohl gefühlt?

- Konnten Sie sich innerlich an der Stunde beteiligt fühlen?

- Welche Elemente würden Sie in einer Ihrer nächsten Stunden wiederverwenden/ weiterentwickeln wollen?

- Inwieweit kam der intendierte religiöse Aspekt der Unterrichtsstunde zum Tragen?

- Für wen in der Klasse und worin wurde der Inhalt persönlich bedeutsam?

- Inwieweit haben Sie Ihr Stundenziel angestrebt bzw. sind Sie flexibel auf besondere, nicht vorhersehbare Bedürfnisse der Schüler/innen eingegangen?

- Welche Alternativen sehen Sie?

➤ Weitere Besprechungspunkte zur Auswahl, s. ***Beobachtungskriterien***

---

[1] *vgl. Gabriele Rüttiger, Wegweiser durch das Jahrespraktikum. Ein Handbuch für Mentorinnen und Mentoren. München o.J., 35*

Beobachtungskriterien

Um Ihnen eine handliche und übersichtliche Arbeitshilfe zu verschaffen, sind die folgenden Beobachtungskriterien in Kasten (im DIN A5-Format) zusammengestellt. Es wird empfohlen, diese auf festes farbiges Kartonpapier zu kopieren.

Jedes Beobachtungsfeld kann einer Karte zugeordnet werden, wobei die einzelnen Impulse als **Anregung** zur Beobachtung und Nachbesprechung zu verstehen sind. Zu beachten ist, dass nach einer Unterrichtsstunde keinesfalls alle Punkte einer Karte besprochen werden sollen, sondern in Auswahl nur diejenigen, die auf die jeweilige klassenspezifische Situation bzw. die entsprechenden Unterrichtsinhalte, Methoden und Medien bezogen werden können.

Die einzelnen Beobachtungsfelder im Überblick:

LERNZIELE

UNTERRICHTSINHALTE

MOTIVATION

ERARBEITUNG

ERGEBNISSICHERUNG - TAFELBILD   *Artikulationsschema*

AUSDRUCKS- UND GESTALTUNGSPHASE

TRANSFER

SOZIALFORMEN

LEHRERFRAGE - IMPULS - UNTERRICHTSGESPRÄCH

MEDIEN

LEHRER/INPERSÖNLICHKEIT

PÄDAGOGISCHES VORGEHEN

KLASSENBEOBACHTUNG

Selbstverständlich können Sie auch Ihre Praktikantin/ Ihren Praktikanten anhand dieser Vorlagen zur Beobachtung ausgewählter Aspekte in der Unterrichtsmitschau anhalten, damit das Verständnis für bestimmte didaktische und methodische Vorgehensweisen geschult wird. Darüber hinaus erweist es sich als sinnvoll, die Praktikant/innen auch im Rahmen der Hospitation aktiv in das Unterrichtsgeschehen miteinzubeziehen. Entsprechende Vorschläge enthält die Karte:

PRAXISBEZOGENE AUFTRÄGE IM RAHMEN DER HOSPITATION

LERNZIELE

- Sind den Lernschritten Lernziele zugeordnet, so dass die Beschreibung des Lernprozesses durch die Lernziele den Verlauf der Unterrichtsstunde angibt?

- Hat L die Beschreibung des Lernprozesses durch Lernziele
  • zu allgemein gehalten, so dass die angestrebte Zielrichtung nicht deutlich wird
  • zu speziell formuliert, so dass die Gefahr einer Engführung besteht?

- Wie ist das Verhältnis zwischen kognitiven und affektiven Lernzielen?

- Formuliert L keine Lern<u>ziele</u>, sondern nur Lern<u>schritte</u> (z.B. Sch. lesen einen Text) oder reflektiert er/ sie den angestrebten Lernfortschritt der Schüler/innen? Überlegt sich L dabei den **didaktischen Schwerpunkt** (Wissen / Können und Anwenden / Produktiv Denken und Gestalten / Wertorientierung)? Welche Konsequenzen ergeben sich daraus für den Unterricht?

- Benutzt L die Lernziele als starres Verlaufsprogramm seines Unterrichts (programmierter Unterricht) oder versteht er es, flexibel und prozessbezogen seine Schüler/innen in den Verlauf der Unterrichtsstunde miteinzubeziehen, so dass sie Subjekte des Unterrichts sind?

- Trifft das Stundenziel tatsächlich die intendierten Lernfortschritte?

UNTERRICHTSINHALTE

- Richten sich die die Inhalte an den Lernzielen aus und stehen die Inhalte in innerem Zusammenhang mit der Sequenzplanung?

- Ging der Vermittlung eine fachgerechte Auseinandersetzung mit den Inhalten (z.B. Exegese bei einem Bibeltext) voraus?

- Sind die Inhalte sachlich (anthropologisch, theologisch) richtig dargestellt?

- Sind die Inhalte „elementarisiert" im Sinne einer didaktischen Reduktion auf das Wesentliche?

- Sind die Inhalte zu oberflächlich, verkürzt, verniedlicht ... ausgewählt und dargeboten?

- Sind die vermittelten Inhalte für die Lebens- und Erfahrungswelt der Schüler/innen relevant?

- Versucht L die Inhalte alters- und entwicklungsgemäß aufzubauen oder fehlen erforderliche Zwischenschritte?

- Ist die Sprache (Wortschatz, Sprachstil, religiöse Sprache) für die Vermittlung und Akzeptanz der Inhalte förderlich?

- Ist die Unterrichtsstunde mit Inhalten überfrachtet, dass nur eine flüchtige kognitive Aneignung der Inhalte ohne intensive Vertiefung möglich war?

MOTIVATION

- Erfolgt die Motivation von einem **thematischen Zusammenhang** her? Gibt L dabei eine Eingangsmotivation, die nur aus einer mündlichen Hinführung bzw. Wiederholung der letzten Unterrichtsstunde besteht?

- Bezieht sich die Motivation auf das **Hauptmedium** der Stunde? Weckt der Impuls, der sich aus dem Hauptmedium herauslösen lässt, Interesse am Stundenthema?

- Wird das Thema über sensorische Erfahrungszugänge (Ohr, Auge, Kinästhetik...) aktualisiert? Wird den Schüler/innen Zeit eingeräumt, ein Symbol oder einen Gegenstand ganzheitlich wahrzunehmen?

- Inwieweit werden **Erfahrungen** und Erlebnisse der Schüler/innen berücksichtigt?

- Führt die Motivation in sachlogischer Weise zur Zielangabe der Unterrichtsstunde hin?

- Steht die Motivationsphase zeitlich in angemessenem Zusammenhang zu den folgenden Unterrichtsphasen?

- Nimmt die Schlussphase Bezug auf die Motivationsphase, indem sie den entsprechenden Impuls wieder aufgreift?

ERARBEITUNG

- Erteilt L in der Erarbeitungsphase Arbeitsaufträge, die
  - für alle Schüler/innen akustisch verständlich sind
  - sprachlich einfach und verständlich sind (kurze Sätze, keine Fremdwörter)
  - zum besseren Verständnis von einzelnen Schüler/innen wiederholt werden?

- Wird eine Erzählung/ ein (biblischer) Text von L unter Einsatz verschiedener stimmlichen Techniken (flüstern, trauriger oder fröhlicher Unterton...) spannend vorgetragen?

- Wird den Schüler/innen nach dem Aufnahmeprozess eines Mediums Gelegenheit gegeben, ihre subjektiven Eindrücke zu äußern?
  Achtet L darauf, dass diese nicht bewertet werden dürfen?

- Werden zur Erschließung eines Mediums Elemente der Verlangsamung angewandt, z.B.
  - mehrmaliges Lesen und Nacherzählen bei einem Text
  - entdeckendes Beschreiben bei einem Bild
  - unterschiedliche musikalische Lernformen bei einem Lied?

- Greift L bei der Erschließung von Themen Fragen/Einwände der Schüler/innen in ausreichendem Maße auf oder kann er/sie sich von seinem/ihrem Konzept nicht lösen?

- Kann in der Interpretation eines Mediums eine Verbindung zu gegenwärtigen Lebenszusammenhängen bei den Schüler/innen erkannt werden?

ERGEBNISSICHERUNG - TAFELBILD

- Welche Form der Ergebnissicherung wird verwendet:

  mündliche Form:
  - Wächst sie organisch aus dem Unterrichtsthema heraus oder wird sie nur formal erfüllt?

  schriftliche Form:
  - Ist die TA (Folie) so deutlich geschrieben, dass die Schüler/innen sie ohne häufige Zwischenfragen abschreiben können?
  - Spiegelt die Strukturierung der TA den Lernprozess der Schüler/innen innerhalb der Unterrichtsstunde wider oder beschränkt sie sich nur auf die Sicherung eines Endergebnisses?
  - Gibt L den Schüler/innen die TA vor oder bezieht L sie flexibel in den Entstehungsprozess mit ein, indem er/sie ihre Terminologie aufgreift?
  - Arbeitet L beim Aufbau des Tafelbildes mit Wortkarten, die den Denkprozess der Schüler/innen sichtbar machen?
  - Dauert die Anschrift eines Tafelbildes so lange, dass sich Unruhe in der Klasse ausbreitet?
  - Wird das Tafelbild ausschließlich verbal oder auch graphisch gestaltet?
  - Wird dem Abschreiben einer TA genügend Zeit eingeräumt?
  - Achtet L auf ordentliche und saubere Heftführung? Nimmt er/sie sich die Zeit, die Hefte einzusammeln und schriftlich zu kommentieren?

- Kann L einen Wegfall der Ergebnissicherung begründen?

AUSDRUCKS- UND GESTALTUNGSPHASE

- Nimmt die Ausdrucks- und Gestaltungsphase Bezug auf die Motivationsphase, indem sie den entsprechenden Impuls wieder aufgreift?

- Dürfen die Schüler/innen die Arbeitsaufträge von L eigenständig weiterentwickeln oder müssen sie sich an dessen/deren Vorgaben halten?

- Besteht die bildnerische Gestaltungsphase nur im Ausmalen von Zeichenvorlagen oder werden die Schüler/innen angehalten, sich individuell in kreativer Weise einzubringen?

- Ist sich L beim gestalterischen Vollzug eines Bodenbildes bewusst, dass eine Überfülle von Legematerial für die konzentrierte, meditative Stille eher hinderlich ist?

- Wird auf möglichst variationsreiche vertiefende Ausdrucksformen Wert gelegt, wie kreatives Schreiben, spielerische bzw. szenisch-dramatische Darstellung, bastelnder bzw. handwerklicher Ausdruck, musikalische oder tänzerische Formen...?

- Wird der Ausdrucks -und Gestaltungsphase genügend Zeit eingeräumt, so dass die Schüler/-innen ihr gestaltetes Produkt ausführlich vorstellen und hinterfragen können?

- Gesteht L einzelnen Schüler/innen die Freiheit zu, ihr Werk nicht präsentieren zu müssen?

TRANSFER

- Wird eine Verbindung zwischen christlicher bzw. biblischer Botschaft und dem Leben der Schüler/innen intendiert?

- Versucht L die biblischen/ christlichen Aussagen des RU vom Erlebnis-/Erfahrungsbereich der Schüler/innen her zu erschließen?

- Ist der Transfer zum Leben der Schüler/innen ein moralisierendes Anhängsel oder durchzieht er, wo es möglich ist, die Struktur der gesamten Unterrichtsstunde?

- Ist eine persönliche Aneignung vom gegenwärtigen Lehrer/in - Schüler/innenverhältnis her möglich?

- Welche religiöse Sprachfähigkeit ist bei den Schüler/innen vorhanden? Stellt sich L darauf ein?

- Werden die Inhalte eher intellektuell, persönlich distanziert behandelt oder teilen die Schüler/-innen einander Erlebnisse und Anschauungen mit?
Was wird von L mehr gefördert?

SOZIALFORMEN

- Ist der Einsatz der Sozialform (Frontalunterricht, Kreisform, Einzel-, Partner-, arbeitsgleiche oder arbeitsteilige Gruppenarbeit) zur Erreichung der intendierten Ziele geeignet?

- Ist das Thema geeignet, lehrer/inunabhängig von den Schüler/innen erschlossen zu werden?

- Wird die Arbeitsform von den Schüler/innen beherrscht bzw. welche Kriterien müssen bei ihrer Einführung beachtet werden?

- Ist ihr Einsatz/Wechsel so häufig, dass es zu keiner ruhigen Arbeit mehr kommt bzw. so selten, dass ihre motivierende Wirkung nicht ausreichend genutzt wird?

- Greift L bei auftretenden Schwierigkeiten im differenzierten Unterricht
• zu früh ein, dass die Schüler/innen an der eigenständigen Erarbeitung gehindert werden
• zu spät ein, so dass sich Unruhe ausbreitet?

- Fördern die Arbeitshilfen oder -materialien die selbständige Schüler/innenarbeit?

- Werden für Schüler/innen, die früher fertig sind, sinnvolle Zusatzaufgaben bereit gehalten?

- Bleibt genügend Zeit für das Vorstellen und Sichern der Ergebnisse?

- Gelingt es L, im Sitzkreis in meditativer Atmosphäre ausreichend auf Stille und Konzentration zu achten?

LEHRERFRAGE – IMPULS - UNTERRICHTSGESPRÄCH

- An welchen Stellen hätte ein verbaler oder nonverbaler Impuls die L-frage ersetzen können?

- Sind die Lehrerfragen
  - dem Leistungsvermögen der Schüler/innen angemessen (zu leicht, zu schwierig?)
  - klar und präzise gestellt oder eher unbestimmt?

- Bleibt genügend Freiraum für eigenständiges Denken und Antworten der Schüler/innen ? Gibt L ausreichend Zeit zum Nachdenken, kann er/sie warten, wenn eine Frage gestellt ist?

- Wie geht L mit der Aufruftechnik um?
  - Wie viele Schüler/innen werden zu einer Frage aufgerufen?
  - Nimmt L einzelne Schüler/innen bevorzugt dran?
  - Ruft er auch Schüler/innen auf, die sich selten oder nie melden?

- Wie reagiert L auf richtige bzw. falsche Schüler/innenantworten?

- Wiederholt L ständig die Antworten der Schüler/innen (Lehrerecho)?

- Verhält sich L flexibel beim Auftreten spontaner Schüler/innenbeiträge?

- Welche „Frageunarten" fallen auf: Entscheidungsfragen - Ergänzungsfragen - Suggestivfragen – Kettenfragen?

- Gibt L auch mal die Leitung des Unterrichtsgesprächs an die Schüler/innen ab?

MEDIEN

- Hat jeder Schüler/ jede Schülerin Zugang zum Medium?

- Beherrschen die Schüler/innen den Umgang mit dem Medium bzw. werden sie fachgerecht eingeführt?

- Werden im Unterricht Medien wohl dosiert eingesetzt oder ist die Gefahr einer Reizüberflutung gegeben?

- Werden die Medien in einem überlegten Wechsel eingesetzt oder stellt sich die Gefahr der Eintönigkeit ein (z.B. jede Stunde Tafelanschrift oder Folie)?

- Gelingt es L, die Schüler/innen zu einem intensiven Wahrnehmen und Entdecken anzuhalten, um so einen dialogischen, handlungsorientierten Prozess einzuleiten?

- Wird das Medium adressatengemäß eingesetzt, d.h. berücksichtigt es die spezifischen Erfahrungen sowie die Denk- und Sprachstrukturen der jeweiligen Altersstufe?

- Wird das Medium mit seinen Vermittlungsmöglichkeiten ausgenutzt oder nur als Anreiz/ Motivation eingesetzt? Findet eine entsprechende Vertiefungs- und Gestaltungsphase statt?

- Kommt das Medium (Bild, Text...) in seinem Eigengehalt zur Erschließung oder wird es für bestimmte Absichten verzweckt?

LEHRER/INPERSÖNLICHKEIT

- Trägt L zu einer guten Unterrichtsatmosphäre (durch Offenheit, Humor, Lebendigkeit) bei?

- Nutzt L bereits zu Beginn einer Unterrichtsstunde die Chance, zu erspüren, in welcher Verfassung sich der/die einzelne Schüler/in bzw. die Klasse befindet? Wie geht er damit um?

- Lernt der/die Praktikant/in in zunehmendem Maße seine/ihre Lehrer/inrolle anzunehmen und in sie hineinzuwachsen?

- Hat L eine festgefahrene Meinung über eine Schülerin /einen Schüler, eine Klasse, die Schulart?

- Ist zwischen L und den zu vermittelnden Inhalten eine Auseinandersetzung und persönliche Beziehung spürbar?

- Kann L mit frustrierenden Erlebnissen umgehen und bemüht sich daraus, fachliche Konsequenzen zu ziehen?

- Welche Fragen und Reaktionen der Schüler/innen haben L persönlich angegriffen, verletzt, in Frage gestellt?

- Ist L selbst glaubwürdig - in seinen/ihren Aussagen und in seiner/ihrer ganzen Persönlichkeit?

PÄDAGOGISCHES VORGEHEN

- Wie nimmt L Kontakt mit den Schüler/innen auf (außerhalb und während des Unterrichts)?

- Welche pädagogischen Mittel werden eingesetzt bzw. bevorzugt: Lob, Tadel, Ignorieren?

- Welchen Führungs- und Erziehungsstil praktiziert L und welche Auswirkungen auf die Schüler/-innen sind festzustellen?

- Bietet L den Schüler/innen klare Regeln und Normen an und sorgt für die gerechte und konsequente Durchführung?

- Erkennt L entwicklungsbedingte Verhaltensweisen und versucht adäquat damit umzugehen?

- Wie verhält sich L gegenüber unauffälligen, schwachen, schwierigen Schüler/innen? Ergreift er/sie evtl. differenzierende Maßnahmen?

- Geht L auf Problemsituationen ein, die die Schüler/innen in den Unterricht einbringen?

- Gelingt es ihm/ihr, angemessen auf Konfliktsituationen innerhalb der Klasse zu reagieren?

- Erkennt L rechtzeitig, wann die Schüler/innen auflockernde Maßnahmen benötigen?

- Gibt L ausreichend Gelegenheit zum Reflektieren, Verbalisieren von Gedanken, Gefühlen und eigenen Erfahrungen?

KLASSENBEOBACHTUNG

- Wie kann die Beziehung zwischen Praktikant/in und der überwiegenden Mehrheit der Schüler/innen beschrieben werden?

- Gibt es Schüler/innen, mit denen sich der/die Praktikant/in besonders schwer tut, und wie könnte er/sie einen Zugang zu ihnen finden?

- Lässt das Schüler/innenverhalten auf eine festgefahrene Einstellung geg. dem RU oder einem/r (Religions)lehrer/in schließen (Unansprechlichkeit, Vorurteile, mangelnde Flexibilität)?

- Hat die Klasse das erforderliche Vertrauen für ein offenes Gespräch zwischen L und Schüler/innen, das Vertrauen, sich vor den Mitschüler/innen zu öffnen?

- Melden sich besonders viele Mädchen/ Jungen oder immer die gleichen Schüler/innen?

- In welchem religiösen Umfeld sind die Schüler/innen aufgewachsen, welche religiöse, kirchliche, pfarrgemeindliche Bindung ist vorhanden?

- Entwickeln die Schüler/innen ein „Religionsstunden-ich"-Verhalten?

- Wie wirkt sich die Klassengemeinschaft (Cliquen, Rivalität, Außenseiter...) auf den RU aus?

- Welche Atmosphäre überwiegt während des Unterrichts: Konkurrenzdenken, Angst, Aggressionen, Demütigung, Unterdrückung?

PRAXISBEZOGENE AUFTRÄGE IM RAHMEN DER HOSPITATION

- Lernziele:
  - Zielformulierung(en) der hospitierten Unterrichtsstunde aus der Sicht des Praktikanten /der Praktikantin
  - Vergleich mit dem/den von L intendierten Ziel(en)
  - Verhältnis zwischen kognitiven und affektiven Teilzielen

- Miteinbeziehung der Praktikant/innen in die Unterrichtsplanung (Entwurf von Alternativen zu einzelnen Unterrichtsphasen)

- Übernahme einzelner Unterrichtsphasen (Unterrichtsbeginn oder -ende mit Gebet, Lied bzw. Meditation; Motivations- oder Gestaltungsphase...) durch die Praktikant/innen

- Beratung einer Gruppe während der Gruppenarbeit

- Betreuung einzelner Schüler/innen bei differenzierenden Maßnahmen

- Sichten und Bereitstellen von Medien und Unterrichtsmaterialien

- Übernahme von Korrekturarbeiten bei Hefteinträgen

Materialien für schüler- und handlungsorientierten RU

Klangschale, um einem Ton nachzulauschen oder einen Unterrichtsabschnitt zu akzentuieren

Orff - Instrumente, um eine Stimmung musikalisch auszudrücken

Kerzen, Teelichte

Legematerial *(s. 3. Kapitel: Das Legebild)*

Wolle für ein Wollfadenbild oder zum Netz = Kontakt knüpfen

Schatzkiste, um einen symbolhaften Gegenstand „kostbar" zu präsentieren

Karteikarten, um kurze Psalm-, Jesus- Propheten- oder Reizworte darauf zu schreiben, mit denen die Schüler/innen Inhalte erschließen und vertiefen können

Tonpapier für Plakate, Collagen und Wortkarten

Schuhkartons, um Mauern, Wände und Brücken zu bauen

Seil, um Zusammengehörigkeit oder Abgrenzung auszudrücken

Cassette(n) mit ruhiger Musik, um eine Stillarbeit oder Meditation musikalisch zu untermalen

Stoffsäckchen, um symbolhafte Gegenstände ungesehen befühlen zu lassen

Bastelmaterialien, wie Strohhalme, Gold- oder Silberfolie, Bunt-, Transparent- oder Krepppapier für eine kreative Heftgestaltung

Gebetssammlung oder **Gebetbuch,** aus dem einzelne Schüler/innen zur nächsten Religionsstunde ein Gebet auswählen dürfen

Teppichfliesen für den Sitzkreis am Boden

Fußspuren aus Papier, um in die Rolle einer biblischen Person treten und aus ihrer Sicht sprechen zu können

Literatur für schüler- und handlungsorientierten RU

Adam, Gottfried/ **Lachmann**, Rainer (Hg.), Methodisches Kompendium für den Religionsunterricht, Göttingen 1993

Bauer, Eva-Maria, Mehr Lust am Lernen. Wege zu einer menschenfreundlichen Schule. Spirituelle Impulse - Praktische Übungen - Unterrichtsbeispiele. München 1997

Berg, Horst Klaus, Freiarbeit im Religionsunterricht. Konzepte - Modelle - Praxis. Stuttgart u.a. 1997

Berg, Sigrid, Biblische Bilder und Symbole erfahren. Ein Material- und Arbeitsbuch. München/Stuttgart, 1996

Bruderer, Markus, RU kreativ. Methoden - Konzeptionen - Materialien für einen erfolgreichen Religionsunterricht. München (dkv) 1997

Buck, Elisabeth, Bewegter Religionsunterricht. Theoretische Grundlagen und 45 kreative Unterrichtsentwürfe für die Grundschule. Göttingen 1997

Bürgermeister, Konrad, Marieluise Moser, Andrea Wirth: Bei Sinnen sein. Zu sich und zu Gott finden, Winzer 1998

Grom, Bernhard, Mehoden für Religionsunterricht, Jugendarbeit und Erwachsenenbildung. Düsseldorf u.a. ^{9}1992

Niehl, Franz W. / **Thömmes,** Arthur, 212 Methoden für den Religionsunterricht. München 1998

Neumüller, Gebhard (Hg.), Basteln im Religionsunterricht. Ein Praxisbuch für die Grundschule. München 1994

Ders., Spielen im Religionsunterricht. Ein Praxisbuch. München 1997

Oberthür, Rainer, Kinder und die großen Fragen. Ein Praxisbuch für den Religionsunterricht. München 1995

Ders., Kinder fragen nach Leid und Gott. Lernen mit der Bibel im Religionsunterricht. München 1998

Rendle, Ludwig u.a., Ganzheitliche Methoden im Religionsunterricht. Ein Praxisbuch. München 1996

Schilling, Klaus, Symbole erleben. Glauben erfahren mit Hand, Kopf und Herz. Stuttgart 1991

Schmid, Hans, Die Kunst des Unterrichtens. Ein praktischer Leitfaden für den Religionsunterricht. München 1997

2. Kapitel:
Lehrerfrage - Impuls - Unterrichtsgespräch

2. Lehrerfrage - Impuls - Unterrichtsgespräch

Neben Unterrichtsformen, wie Lernen mit allen Sinnen, praktischem Lernen, Lernen in der Begegnung mit anderen, projektorientiertem Lernen, materialgeleitetem Lernen und Freiarbeit etc. gehören sprachliche Gestaltungsformen, wie **Lehrerfrage, Impuls und Unterrichtsgespräch** zu zentralen Elementen des Unterrichts.

Gerade für Berufsanfänger/innen ist es schwierig, auszuloten, inwieweit sie einerseits in ihrer Rolle als Lehrende die Regie übernehmen müssen, andererseits die Gesprächsmethodik nicht zu lehrerzentriert gestalten, sondern die Schüler/innen zu selbständigem und kreativem Denken führen sollen. Schüler/innen in ihren Fragen nach den Dingen des Lebens und nach Gott zu unterstützen, sie dazu zu bringen, weiterzufragen und sie in ihren Fragen ernst zu nehmen, indem wir Rückfragen stellen, ist der Sinn eines guten Unterrichtsgesprächs.

Um sich Fehlformen der eigenen Fragetechnik bewusst zu machen, ist eine Übungsaufgabe mit Lösungsblatt beigefügt, die die häufigsten „Frageunarten" enthält.

Absicht dieses Kapitel ist es, auf Impulse und Interaktionen zwischen Lehrer/in und Schüler/innen hinzuweisen, die vom monoton-linearen Frage-Antwort-System wegführen. Die Übungsaufgabe zur Impulstechnik ist der Religionsstunde einer Lehramtsanwärterin in der ersten Jahrgangsstufe entnommen - in die Spalten sind die entsprechenden Impulse einzutragen, die die Vielzahl der Möglichkeiten deutlich machen.

Die Lehrerfrage

Funktionen der Lehrerfrage

- L stellt Fragen, um bei Beginn eines neuen Unterrichtsschritts die **Vorkenntnisse** der Schüler/innen zu **ermitteln** oder um Wissen zu **überprüfen.** (= Überprüfungsfunktion)

- L stellt Fragen, um die Schüler/innen zum **Nachdenken, zur eigenen, selbständigen Erarbeitung** zu provozieren. (= Aktivierungsfunktion)

- L stellt eine **gefühlsgerichtete** Frage („Wo hast du schon einmal so etwas erlebt, gedacht, gespürt...?"), die sich auf die affektive Dimension des Unterrichts bezieht.

Methodische Anforderungen an die Lehrerfrage

| soll klar und verständlich sein | soll auf zentrale Aspekte der Stunde konzentriert sein | soll möglichst alle Sch. ansprechen |

| soll Zeit zur Beantwortung lassen | | darf keine Antwort fordern, die nur geraten werden kann. |

| | **Die Lehrerfrage** | |

| kann provozierend gestellt sein | | kann bei einer Überforderung der Sch. noch einmal einfacher und präziser gestellt werden |

| kann bei falscher Beantwortung Anlass geben, die Sch. die Unrichtigkeit selbst finden zu lassen | kann auch einmal an die Schüler/innen abgegeben werden | soll zu Beginn einer Unterrichtsstunde nicht lauten: „Was haben wir letzte Stunde gemacht?" |

Übungsbeispiel: *Fehlformen der Lehrerfrage*

Arbeitsauftrag: Beurteilen Sie die nachfolgenden Lehrerfragen und begründen Sie Ihre Meinung!

1) „Ist die Hand Gottes auf dem Bild liebevoll dargestellt?" (= _____)

_____

2) „Wird Jesus dem Zachäus vergeben oder nicht?" (= _____)

_____

_____

3) „Meinst du nicht auch, dass der barmherzige Vater seinen Sohn liebevoll aufnehmen wird?"

(= _____)   _____

_____

4) „Jesus wurde verhaftet in...?" (= _____)

_____

5) „Glaubst du an Gott?" *oder* „Besuchst du auch regelmäßig den Gottesdienst?"

(= _____) _____

_____

6) „Warum schrie Bartimäus so laut nach Jesus? Was erhoffte er von ihm? Was wollte er?"

(= _____ und _____)

_____

_____

_____

Lösungsblatt: *Fehlformen der Lehrerfrage*

1) „Ist die Hand Gottes auf dem Bild liebevoll dargestellt?" (= *Entscheidungsfrage*)

die nur ein „Ja" oder „Nein" zulässt und damit wenig kommunikationsfördernd ist.

2) „Wird Jesus dem Zachäus vergeben oder nicht?" (= *Alternativfrage*)

die nicht eingesetzt werden sollte, weil sie sich mit ihrer linear-einengenden Tendenz manipulativ auswirken kann.

3) „Meinst du nicht auch, dass der barmherzige Vater seinen Sohn liebevoll aufnehmen wird?"

(= *Suggestivfrage*) L will von den Schüler/innen gar keine eigene Meinung hören, sondern verpackt seine/ihre Aufforderung, zuzustimmen, in Frageform.

4) „Jesus wurde verhaftet in...?" (= *Ergänzungsfrage*)

bedeutet eine Engführung.

5) „Glaubst du an Gott?" *oder* „Besuchst du auch regelmäßig den Gottesdienst?"

(= *Bekenntnisfrage*) sie ist pädagogisch wie theologisch inakzeptabel und darf im RU nicht gestellt werden, weil L in die Privatsphäre der Schüler/innen eindringt und eventuell zur Unehrlichkeit herausfordert.

6) „Warum schrie Bartimäus so laut nach Jesus? Was erhoffte er von ihm? Was wollte er?"

(= *W-Fragen und Kettenfragen*) Ständige W-Fragen lassen das Unterrichtsgespräch zu einem eintönigen Wechsel von Lehrerfragen und Schüler/innenantworten absinken.
Die erste Frage müssen die Schüler/innen erst aufnehmen und verarbeiten. Die weiteren Fragen stören sie im Denkprozess.

Der Impuls !

Definition
Gegenüber der Lehrerfrage ist der Impuls eine anspruchsvollere Art des **Anstoßes**, wodurch ein **Denk- oder Handlungsprozess**, aber auch **ein wertendes Empfinden** in Gang gesetzt wird. Der Vorteil des Impulses liegt darin, dass er **nicht so lehrerzentriert** ist wie die Lehrerfrage. Der Impuls gibt zudem Raum für eine breitere Reaktion als die Frage und fördert dadurch das **selbständige Denken** und **Handeln** des Schülers/ der Schülerin.

Methodische Anforderungen
- Der Impuls soll Spielraum ermöglichen und gleichzeitig das Lernfeld abstecken.
- Er soll interesse**weckend** sein, also motivationsfördernd wirken.
- Er soll interesse**lenkend** sein, also die verschiedenen Interessen in der Klasse auf den Unterrichtsgegenstand lenken.
- Er soll interesse**fördernd** sein, also das geweckte Interesse auch beibehalten.

Charakterisierung und Einteilung
Man unterscheidet **sprachliche** und **nichtsprachliche** Impulse.

Verbale Impulse:

Tätigkeit	Verbaler Impuls	*anstelle von* Lehrerfrage
beobachten	„Beobachte..."	„Was siehst du...?"
besinnen	„Denk einmal darüber nach..."	„Was denkst du...?"
mitteilen	„Erzähl uns..."	„Wer erzählt...?"
ergänzen	„Bezeichne das genauer..."	„Wer ergänzt...?"
urteilen	„Du hast eine andere Idee..."	„Wer hat eine bessere Idee?"
begründen	„Es gibt doch einen Grund..."	„Warum...?"

Nonverbale Impulse:

Tätigkeit	Nonverbaler Impuls
ermunterndes Lächeln	mimisch
dämpfende Handbewegung	gestisch
stummes Anschreiben eines Begriffs	zeichenhaft
bewusst den Standort verändern	lokomotorisch
einen Gegenstand berühren	taktil
einen Gegenstand betrachten	visuell
ein Klangzeichen ertönen lassen	akustisch
etwas riechen lassen	olfaktorisch
etwas schmecken lassen	gustativ

vgl. Horst Herion, Methodische Aspekte des Religionsunterrichts,. Ein Kompendium zu Grundsatzfragen, Planung und Gestaltung des Unterrichts, hg. KEG. Donauwörth: Auer 1990, 90 f.

Übungsbeispiel zum Thema „Impuls"

<u>Arbeitsauftrag</u>: Bestimmen Sie die eingesetzten Impulse!
Ersetzen Sie die Lehrerfragen durch verbale Impulse!

<u>Thema der Unterrichtsstunde</u>: Advent - Grün - Licht - Zeit des Wartens

L legt in die Mitte des Kreises ein grünes Tuch. Sch. äußern sich frei.	
Arbeitsauftrag: Schau dir die Farbe gut an, schließe deine Augen und überlege, was in der Natur alles grün ist!	
Anschlagen eines Glockenspiels: Sch. berichten. Nach jeder Sch.-Äußerung regt L die Sch. an, das Wachsen, die Bewegung der Pflanzen nachzuahmen.	
L: Du hast viele schöne Dinge aus der Natur genannt, die grün sind. Doch was siehst du, wenn du aus dem Fenster schaust? Sch. äußern sich frei.	
L. bietet verschiedenfarbige Tücher an. Passt das grüne Tuch noch dazu? Sch. suchen ein passendes Tuch aus und legen es über das grüne Tuch.	
L: Draußen ist jetzt fast nichts mehr so schön lebendig und grün, es ist alles eher farblos und dunkel. kein Leben, kein lebendiges Wachsen ist mehr sichtbar!	
Nur ein Ding zeigt uns, dass noch Leben da ist. Ich habe es hier in einem Säckchen. L geht mit dem Säckchen herum und lässt einige Sch. riechen/fühlen.	
Kannst du erraten, was in dem Säckchen ist? Lege bitte ein Tuch mit der Farbe, die das Ding hat, in unseren Kreis. L legt den Tannenzweig darauf.	

Lösungsblatt zum Thema „Impuls"

<u>Thema der Unterrichtsstunde</u>: Advent- Grün - Licht - Zeit des Wartens

L legt in die Mitte des Kreises ein grünes Tuch. Sch. äußern sich frei.	visueller Impuls
Arbeitsauftrag: Schau dir die Farbe gut an, schließe deine Augen und überlege, was in der Natur alles grün ist!	verbaler Impuls
Anschlagen eines Glockenspiels: Sch. berichten. Nach jeder Sch.-Äußerung regt L die Sch. an, das Wachsen, die Bewegung der Pflanzen nachzuahmen.	akustischer Impuls gestischer Impuls
L: Du hast viele schöne Dinge aus der Natur genannt, die grün sind. Doch was siehst du, wenn du aus dem Fenster schaust? Sch. äußern sich frei.	Doch schau einmal aus dem Fenster...
L. bietet verschiedenfarbige Tücher an. Passt das grüne Tuch noch dazu? Sch. suchen ein passendes Tuch aus und legen es über das grüne Tuch.	visueller Impuls Ein anderes Tuch passt vielleicht besser!
L: Draußen ist jetzt fast nichts mehr so schön lebendig und grün, es ist alles eher farblos und dunkel. Kein Leben, kein lebendiges Wachsen ist mehr sichtbar!	verbaler Impuls
Nur ein Ding zeigt uns, dass noch Leben da ist. Ich habe es hier in einem Säckchen. L geht mit dem Säckchen herum und lässt einige Sch. riechen/fühlen.	verbaler Impuls visueller Impuls olfaktorischer / taktiler Impuls
Kannst du erraten, was in dem Säckchen ist? Lege bitte ein Tuch mit der Farbe, die das Ding hat, in unseren Kreis. L legt den Tannenzweig darauf.	Ich bin gespannt, ob jemand erraten kann, was in dem Säckchen ist! visueller Impuls

Das Lehr- und Unterrichtsgespräch

1. Das Lehrgespräch (Lehrer-Schülergespräch = LSG)

Merkmale:

- Gesprächsführung liegt bei L
- L gibt Impulse und stellt Fragen
- Sch. antworten direkt L

Struktur:

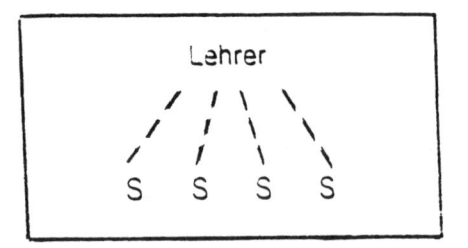

2. Das Unterrichtsgespräch (UG)
2.1. Das gelenkte Unterrichtsgespräch

Merkmale:

- Problemstellung geschieht durch einen Impuls mittels L oder Sch.
- L nimmt dirigierende Funktion zurück zugunsten größerer Gleichberechtigung
- Organisatorische Maßnahmen bzgl. der Wortmeldung und Aufruftechnik:
    - Sch. sich gegenseitig aufrufen lassen
    - diagonal aufrufen
    - Zeit lassen beim Aufrufen
    - Lehrerecho vermeiden
    - Interesse zeigen bei Schülerbeiträgen
- Zusammenfassung und Sicherung durch L und/oder Sch.

Struktur:

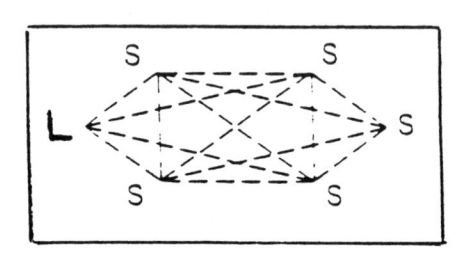

2.2. Das freie Unterrichtsgespräch

Merkmale:

- Inhalte ergeben sich aus den spontanen Einfällen der Sch.
- Keine Bindung an Lernziele
- Assoziatives Gespräch
- Unterstützende Methoden/Medien:
    - Gesprächskreis mit Wollfaden
    - Erzählstein

Struktur:

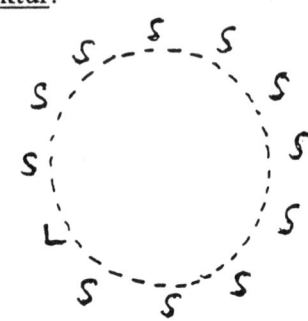

Abbildungen 2 und 3 vgl.: Horst Herion, Methodische Aspekte des Religionsunterrichts, Auer 1990, S. 72

3. Kapitel:
Methoden der Ergebnissicherung:
Tafel – Heft - Legebild

3. Methoden der Ergebnissicherung: Tafel - Heft - Legebild

Die Frage nach der effektivsten Methode der Ergebnissicherung lautet: Auf welche Weise lassen sich erarbeitete Ergebnisse am nachhaltigsten vertiefen und einprägen? Von den vielfältigen Darstellungs- und Ausdrucksformen durch bildnerische, szenische oder musikalische Gestaltungsweisen abgesehen, seien hier die häufigsten Sicherungsmethoden vorgestellt.

Die **Tafel** gilt als das meistgebrauchte Medium des Unterrichts. Da sie im zentralen Blickfeld der Schüler/innen liegt, sollte sie zu Beginn einer Unterrichtsstunde (und in Absprache mit der Klassenleitung) sauber geputzt sein, damit nicht eine ablenkende, sondern eine ruhefördernde Wirkung von ihr ausgeht.
Um die Funktion eines Tafelbildes und seine Strukturierung inhaltlich zu konkretisieren, ist eine Übungsaufgabe mit einem fehlerhaften Tafelbild dargestellt, dessen Mängel Sie dem darauffolgenden Lösungsblatt entnehmen können. Oft nimmt die Tafelanschrift (TA) entweder so viel Zeit in Anspruch, dass die Klasse unruhig wird oder sie besteht nur aus flüchtig hingeworfenen Stichpunkten an einer Seitentafel, die wenig dazu beitragen, den Verlauf des Unterrichts widerzuspiegeln. Das thematische Beispiel eines strukturierten Tafelbildes zeigt anhand des Stundenverlaufs „Jesus und die Sünderin", wie die Schüler/innen bei der Entstehung eines Tafelbildes miteinbezogen werden können. Der sukzessive Aufbau dieser Tafelanschrift ist sowohl in der Verlaufsplanung als auch auf der darauffolgenden Seite mit dem Tafelbild durch Ziffern in Kreisen gekennzeichnet. Ideal sind leere Wortkarten (WK), die die Schüler/innen motivieren, sich längerfristig, intensiv und individuell mit der Problematik auseinanderzusetzen, die beschrifteten Wortkarten dann nach vorne zu tragen und somit das Tafelbild aktiv mitzugestalten. Selbstverständlich ist darauf zu achten, dass die Schüler/innen möglichst groß und deutlich schreiben, um die Möglichkeit zu gewährleisten, ihre Beiträge abschreiben zu lassen. Rechtschreibfehler müssen korrigiert werden, notfalls soll der Begriff oder der Satz auf der Rückseite bzw. einer weiteren Wortkarte neu geschrieben werden. Wichtig ist, dass jede Tafelanschrift durch mehrmaliges Vorlesen auch akustisch vertieft wird.

Um eine leserliche Handschrift vorweisen zu können, sei noch auf den rechten Umgang mit der Kreide sowie auf die Richtformen der Lateinischen Ausgangsschrift hingewiesen. Sowohl in der Grundschule, aber auch in der Hauptschule sind vor allem leistungsschwache Schüler/innen nicht in der Lage, einen nur geringfügig veränderten Buchstaben richtig niederzuschreiben. Spätestens bei der Durchsicht der Hefteinträge zeigt sich die **Lesbarkeit Ihrer Handschrift!**

Die Qualität der **Heftführung** hängt somit zwar nicht ausschließlich, aber doch zu einem großen Teil von der Tafelarbeit der Lehrkraft ab. Zumindest in der Grundschule ist der Gebrauch von Heften sinnvoller als das Anlegen von Mappen, da ein Heft übersichtlicher zu handhaben ist, es gibt keine losen Blätter und es besteht die Möglichkeit, auch einmal großformatig eine Doppelseite schriftlich oder bildnerisch zu gestalten. Da es im Religionsunterricht darum geht, möglichst viele Sinne der Schüler/innen anzusprechen, plädiert Elisabeth Buck für eine Heftgestaltung, die taktile Erlebnisse durch Tasten und Fühlen ermöglicht. Dazu schlägt sie die Verwendung von Materialien, wie Krepppapier, Filz, Goldfolie, Federn u.s.w. vor, die die Schüler/innen einladen, ihr Religionsheft immer wieder in die Hand zu nehmen und sich dessen Inhalte sinnenhaft zu vergegenwärtigen. *(vgl. Elisabeth Buck, Bewegter Religionsunterricht. Göttingen 1997, 45 ff.)*

Als eine weitere Methode der Ergebnissicherung gilt das **Lege- oder Bodenbild**. Das Legebild wird in einem Stuhl- oder Sitzkreis als „Mitte" gestaltet. So wird die Aufmerksamkeit der Schüler/innen „konzentriert" und im Gegensatz zum Frontalunterricht das Miteinander der Klasse stärker erfahrbar. Das Bodenbild kann mit vielfältigen Ausdrucksmitteln gestaltet werden, besonders aus dem Bereich der Natur, die das sogenannte „Kett"- Material ergänzen. Als Fundgruben haben sich auch Baumärkte, Bastel-, sowie Stoff- und Handarbeitsgeschäfte erwiesen.

Ein überreiches Angebot an Materialien wirkt sich auf die Schüler/innen allerdings eher ablenkend und verwirrend aus, gibt Anlass zu Streitigkeiten und lässt die Dauer ihrer gestaltenden Tätigkeit nur schwer eingrenzen. Deshalb sollte für ein überschaubares Repertoire an Legematerialien gesorgt sein, das notfalls abgezählt in kleinen Schachteln oder Körbchen den Schüler/innen einzeln oder paarweise ausgehändigt wird.

Die Funktion des Tafelbildes im Religionsunterricht

Einsatz des Tafelbildes	Funktionen des Tafelbildes	Kriterien zum Umgang mit dem Tafelbild
• didaktischer Ort zu jedem Lernschritt • wächst aus und mit der Unterrichtsarbeit • subjektiv gestaltbar • ohne technischen Aufwand einsetzbar • verschiedene Elemente (Wortkarten, Bildkarten, Kreidebild, -anschrift, Collage etc.) sind kombinierbar • passt sich der unterrichtlichen Situation, der Lerngruppe und dem Lernfortschritt an	**Didaktische Funktion** • Präsentation des Stundenthemas • Unterrichtsprozess • unterschiedliche Wertigkeit der Tafelanschriften (Mittelstafel, Seitentafeln) **Lernpsychologische Funktion** • Anschaulichkeit • optische und verbale Symbole • Korrekturen möglich • Gestaltungsvielfalt **Pädagogische Funktion** • Vorbildfunktion • visuelle Orientierung für den Hefteintrag • Strukturierungshilfe • Erziehung zur Ästhetik **Disziplinierende Funktion** • Konzentration nach vorne • Lenkung der Aufmerksamkeit • Schüler/innenbeteiligung	• gute Lesbarkeit • flexibel im Berücksichtigen von Schüler/innenbeiträgen • verbindliche Regelung des Abschreibens • formale Maßnahmen für die unterschiedliche Bedeutung, wie - Unterstreichen - Farbigkeit des Schriftzugs - Variation des Schrifttyps - Variation der Schriftgröße - Verwendung von grafischen Zeichen - räumliche Isolation oder Gruppierung durch entsprechende Platzierung

nach: Wolfgang Fleckenstein, Die Funktion des Tafelbildes im (Religions-)Unterricht, in: KatBl 120 (1995), 203
Ralf Hörsken, „Putzt mal bitte jemand die Tafel!", in: Schulmagazin 5 bis 10, 6/1998, 15
Rainer Maras, Das Tafelbild: Das Ordnen unterrichtlichen Tuns, in: a.a.O., 8

Allgemeines Beispiel eines strukturierten Tafelbildes

Datum

Visuelle Impulse	Überschrift/ Zielangabe	Informationen sowie Sammlung von Schüler/innenbeiträgen
Feld für die Konfrontation/ Hinführung in der Motivationsphase	*Feld für die Erarbeitung/ endgültige Sicherung des Unterrichtsthemas*	*Feld für Informationen bzw. vorläufige Sicherungen*
- Bild - Tafelzeichnung - Poster - Schlüsselwörter - Mind-Maps - etc.	- Text - vereinfachte Skizzierung - schematische Darstellung - Schaubild - Collage - strukturierte Darstellung von Schüler/innenbeiträgen	- Arbeitsmittel - Arbeitsaufträge - Ergebnisse von Arbeitsaufträgen für EA, PA oder GA (Wortkarten, Schüler/innen-zeichnungen etc.)
	Merksatz/ Ergebnis/ Zusammenfassung/ Bibelzitat	

Übungsaufgabe zum Thema „Tafelbild"

28/4.98

H.A.:	So geht es der Sünderin	Jesus begegnet der S.	[drawing of mushroom with labels:] Stiel, Lamellen
Deutsch: AB lesen	traurig	Sie fühlt sich wieder	
Mathe: Aufgaben 1-3 rechnen	sie weint	froh	
HSK: Pilze lernen!	unglücklich	glücklich	
		geborgen	
		gutes Gewissen	
	Andi I Marc III Lisa II	Jesus verhält sich allen Menschen zu	Turnzeug mitbringen!!!

Notieren Sie, welche **Mängel** das Tafelbild enthält!

_____
_____
_____

Lösungsblatt zum Thema „Tafelbild"

Notieren Sie, welche **Mängel** das Tafelbild enthält!

Tafelanschriften vorangegangener Unterrichtsstunden sind nicht weggewischt und wirken ablenkend.
Die linke Tafelanschrift ist an einer Stelle auf die Mitteltafel ausgeweitet.
Die falsche Ziffer des Datums ist nicht weggewischt, sondern nur durchgestrichen.
Die Gesamtüberschrift auf der Mitteltafel fehlt.
Aus Platzmangel wurde das Wort „Sünderin" zu „S." abgekürzt.
Sowohl für das Unterstreichen als auch für die Mittellinie wurde kein Lineal benützt. Die Mittellinie ist soweit durchgezogen, dass der Rahmen des Merksatzes überschnitten wird.
Bei der Aufzählung werden grammatikalische Formen durcheinander gemischt.
Die Disziplinierung gehört nicht zum thematischen Teil des Tafelbildes. Dadurch verschiebt sich das gesicherte Stundenziel (=Merksatz) aus der Tafelmitte.

Thema der Unterrichtsstunde: Jesus und die Sünderin

Lernschritte	Lerninhalte	Methoden	Medien
Einstieg	<u>Empathieübung:</u> Wir lassen den Kopf hängen, blicken zu Boden. Auch die Schultern hängen, fallen nach vorne. Unsere Arme sind schwer, auch unser Herz ist schwer, als ob ein Stein darauf läge. Vielleicht haben wir ein schlechtes Gewissen, weil wir etwas getan haben, was nicht richtig war. Vielleicht haben wir einen Menschen verletzt oder beleidigt, ja vielleicht sogar geschlagen.	LV	Stehkreis um schwarzes Tuch schweren Stein herumgeben Stein auf Tuch legen
Hinführung	Sie ist niedergeschlagen.	visueller Impuls UG	① knieende Figur an li. Tafelseite heften farbige, leere WK auf der li. Tafelseite, die mit einer Schülerantwort beschriftet wird
Zielangabe	Ich erzähle euch jetzt die Geschichte von Jesus und der Sünderin	LV	TA ②
Erschließung	<u>Konfrontation</u> mit der biblischen Erzählung So geht es der Sünderin...!	LV Impuls	Jo 8,1-5 TA ③, knieende Figur von der li. Tafelseite auf Mitteltafel heften und aufrecht stehende Figur (Jesus) danebenheften
Sicherung	Beispiele zu ihrer Befindlichkeit in der gegenwärtigen Situation nennen lassen	UG	TA, ④ Hefteintrag

Lernschritte	Lerninhalte	Methoden	Medien
Vertiefung	<u>Konfrontation</u> mit der biblischen Erzählung	LV	Jo 8,6-11
	Jesus begegnet der Sünderin	Impuls	TA, ⑤ aufrecht stehende Jesusfigur von der li. Mitteltafel wegnehmen und unter die Überschrift heften, dazu aufrecht stehende Figur der Sünderin
Sicherung	Beispiele zur Befindlichkeit nach der Begegnung mit Jesus finden und auf Wortkarten schreiben lassen	PA	leere WKs
	Sammeln der Ergebnisse auf der re. Tafelseite, vorlesen, verbessern lassen (evtl. auf der Rückseite der Wortkarte neu schreiben) und auf der Mitteltafel geordnet anheften. ⇒ Jesus wendet sich <u>allen</u> Menschen zu	UG	WKs, ⑥ re. Tafelseite Mitteltafel ⑦ leere oder vorbereitete farbige WK, TA ⑧ Hefteintrag
Ausklang	<u>Verinnerlichen</u> des Zustandes der Sünderin nach der erfahrenen Zuwendung durch Jesus	Sitz- oder Stuhlkreis	Legebild: Stein vom schwarzen Tuch wegnehmen, rotes Tuch legen, Figur der aufrecht stehenden Sünderin, daneben brennende Kerze als Symbol für Jesus. Begriffe vorlesen und jeweils ein Teelicht anzünden lassen

vgl. Figuren aus: Religion in der Grundschule 4. planen – gestalten – erleben. Lehrerarbeitsmappe mit Kopiervorlagen, erarb. von Monika Hutter. München 1991, AB 3.21

Thematisches Beispiel eines strukturierten Tafelbildes

Jesus und die Sünderin ②   Datum

①

Sie hat ein schlechtes Gewissen

So geht es der Sünderin ③

Jesus begegnet der Sünderin ⑤

④

Sie ist unglücklich.
Sie weint.
Sie ist traurig.
Sie bereut ihre Fehler.
Sie hat Angst.

⑦

Sie hüpft.
Sie hat wieder eine feste Beziehung zu ihrem Mann.
Sie fühlt sich geborgen.
Sie hat keine Angst mehr.
Sie hat etwas gelernt.
Sie hat keinen Ärger mehr.
Sie hat ein reines Herz.
Sie fleht ihren Mann an.
Sie will sich versöhnen.

⑥

Sie fühlt sich gut.
Sie hat was gelernt.
Sie hat ein reines Herz.
Sie fühlt sich gut.
Sie fühlt sich geborgen.
Sie fleht ihren Mann an.
Sie fühlt sich gut.
Sie hat wieder eine feste Beziehung zu ihrem Mann.
keine Angst mehr
Sie hat keinen Ärger mehr

⑧

Jesus wendet sich <u>allen</u> Menschen zu

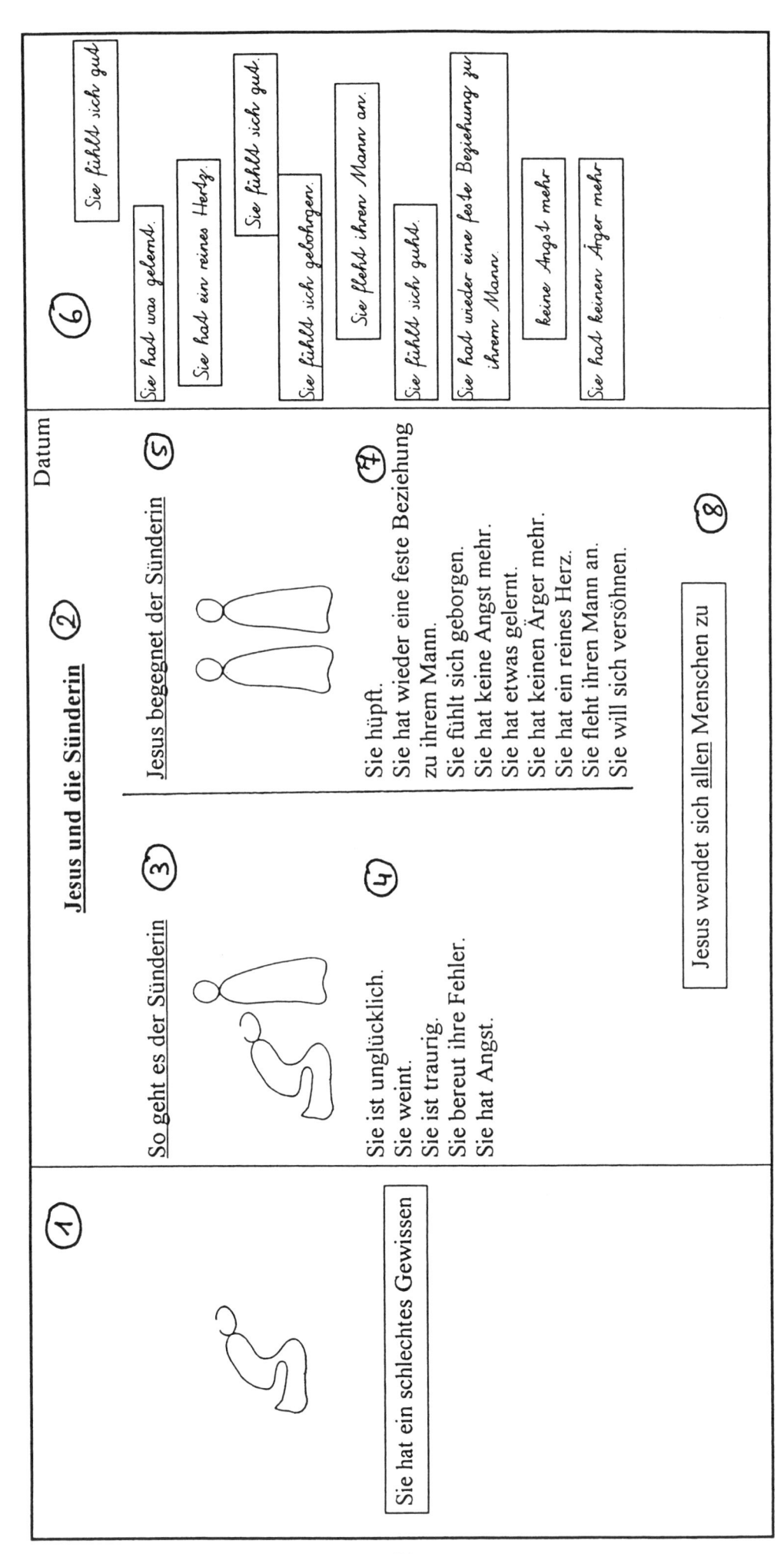

Figuren vgl.: planen – gestalten – erleben. Religion in der Grundschule 4. Lehrerarbeitsmappe und Kopiervorlagen, erarb. von Monika Hutter, München 1991.

Der Umgang mit der Kreide

Tafel-Tipp 1:
Die singende Kreide
Eine in hohen Tönen beim Tafelanschrieb »singende« Kreide verstummt sofort, wenn man das Kreidestück durchbricht. Nur ganze Kreidestücke verursachen dieses störende Geräusch.

Tafel-Tipp 3:
Nasse Kreide
Verwahren Sie Kreide nicht unterhalb der Tafel, da genau dort das Wasser abläuft. Besser ist ein gesondertes Behältnis neben der Tafel oder auf dem Pult. Heute verwendete Kreiden trocknen auch nicht mehr weiß aus, sondern verschmieren. Benutzen Sie besser immer trockene Kreide.

Tafel-Tipp 2:
Der Badezimmerwischer
Frisch geputzte Tafeln sind oft sehr nass und verhindern den Unterrichtsbeginn oder die Weiterarbeit. Nachwischen mit Tafellappen oder anderen Tüchern erweist sich schnell als schlecht, da die Tafel verschmiert. Benutzen Sie besser einen einfachen Badezimmerwischer mit Gummilippe. Nach dem »Abflitschen« trocknet die Tafel sehr viel schneller ab.

Tafel-Tipp 5:
Bunte Kreiden
Verwenden Sie nur echte bunte Tafelkreiden, Ölkreiden sind sehr schwer von der Tafel zu entfernen.

Tafel-Tipp 4:
Allergie und Kreide
Reagieren Sie allergisch auf Kreide oder ist es Ihnen sehr unangenehm, Kreide anzufassen, erwerben Sie am besten Kreidehalter. Ähnlich wie bei Bleistiften werden hier Kreidestifte eingeführt. Die ursprünglich als Kreideverlängerer gedachten Stifte ermöglichen ein sehr sauberes Arbeiten und einen entsprechenden Transport.

Tafel-Tipp 6:
Helle Farben
In den angebotenen bunten Tafelkreidesortimenten sind häufig ungeeignete Farben. Verwenden Sie nach Möglichkeit nur strahlende helle Farben (Sattgelb, Hellblau, Hellgrün, Hellrot) oder Tafelkreidesignalfarben.

Ralf Hörsken, „Putzt mal bitte jemand die Tafel!", in: Schulmagazin 5 bis 10, 6/1998, S. 13 f.
Rechte beim Autor

Datum

Die Heftführung

1. Die Heftführung muss im Unterricht vorgeführt und geübt werden!
a) Das Religionsheft durch eine spezielle oder farbige Umschlagsgestaltung kennzeichnen
b) Evtl. Rand auf der Heftseite ziehen lassen
c) Nur mit Bleistift oder Füller schreiben
d) Nur mit Farbholzstiften oder Wachsmalkreiden malen
e) Über den Hefteintrag Datum schreiben
f) Überschrift mit Lineal und Farbstift unterstreichen
g) Nach der Überschrift eine Zeile auslassen
h) Strukturierungshilfen verwenden:
   unterstreichen, farbig nachfahren, Absätze
i) AB passend zurechtschneiden

2. Die Heftführung muss regelmäßig überprüft und kommentiert werden!
a) Schlampigen Hefteintrag noch einmal schreiben
b) Schriftliche Korrekturen individuell durch mündliche Erläuterungen ergänzen
c) Falsche Buchstaben oder Wörter durchstreichen und richtig schreiben
d) Klare und eindeutige Beurteilungen schreiben
e) In einigen Abständen Heftnoten geben und kurz begründen
f) Mit Stempelabdruck, Sternchen, Aufkleber belobigen

Das Legebild

lässt Assoziationen entstehen

versinnbildlicht das Miteinander

zentriert die Aufmerksamkeit der Schüler/innen

kann mit den unterschiedlichsten Materialien gestaltet werden

bietet den Schüler/innen Ausdrucks- und Identifikationsmöglichkeiten

bahnt ein positives Lern- und Arbeitsverhalten an

ermöglicht ein Lernen mit allen Sinnen

fördert das handelnde Lernen

Legematerial für den handlungsorientierten Unterricht

Kastanien und Eicheln

Herbstlaub

Muscheln

Steine (runde und spitze, große und kleine)

runde Glassteine in verschiedenen Farben

Blattformen oder Kreise, ausgeschnitten aus verschiedenfarbigen Filzstoffen

Rechenstäbchen

Muggelsteine

Bauklötze

dünne, bunte Chiffontücher

geometrische Formen aus Pappe, mit Goldpapier beklebt

Kugeln aus Holz oder Knetmasse, in Goldfolie oder Stanniolpapier eingewickelt

Federn

Baumscheiben

Teelichter

Holzringe

Rundstäbe

Knotenpuppen aus Taschentüchern

Figuren und Gegenstände aus Holz

Krepppapierstreifen

Baumwoll- oder Satinbänder

Christus-Ikone, Heiligenbild

4. Kapitel:
Umgang mit Disziplin-Problemen

4. Umgang mit Disziplin-Problemen

Disziplinschwierigkeiten sind auch oder gerade im Religionsunterricht keine Seltenheit - in diesem Fach werden vielfältige affektive Methoden angewandt, zudem wird es häufig von Fachlehrkräften erteilt, die im Gegensatz zur Klasenleitung wöchentlich nur ein- bis zweimal kurz in der Klasse präsent sind. So sind die Schüler/innen versucht, die Anforderungen des/der Religionslehrer/in nicht in gleichem Maße zu akzeptieren wie die der Klassenlehrkraft. Berufsanfänger/innen sind darüber hinaus in der schwierigen Situation, dass sie eine Klasse neu übernehmen, aufgrund ihrer Ausbildungssituation oft fehlen müssen und eventuell auch nur im Beisein einer Betreuungslehrkraft unterrichten dürfen.

In diesem Kapitel geht es nicht darum, mögliche erzieherische Sanktionen für das Fehlverhalten von Schüler/innen aufzuführen, sondern um das Vorstellen von Ritualen und präventiven Maßnahmen, die helfen sollen, disziplinären Eskalationen vorzubeugen. Dabei ist zu beachten, dass Ordnungsformen erst eingeführt und dann immer wieder durchgeführt werden müssen.

Als Beispiele visueller Ordnungshilfen sind drei Piktogramme beigefügt - ihr Einsatz hat den Vorteil, dass die Lehrkraft durch ihre verbale Zurückhaltung die Ruhe in der Klasse fördert, indem sie die Symbole als stumme Impulse an die Tafel heftet. Das Zeichen für „Stillarbeit" kann zur besseren Wahrnehmung farbig ausgemalt werden; die Punkte auf den Piktogrammen für den „Sitzkreis", also den Kreis auf dem (Teppich)boden, den Teppichfliesen oder Sitzkissen sowie für den „Stuhlkreis" können mit farbigen Klebepunkten optisch gut sichtbar gestaltet werden. Es empfiehlt sich, solche visuellen Ordnungshilfen in Folie einzuschweißen, um sie bei häufigerem Einsatz vor vorzeitigem Verschleiß zu schützen. Um das lästige Suchen nach Klebestreifen oder Magnetknöpfen zu vermeiden, hat es sich als sinnvoll erwiesen, auf der Rückseite Magnetstreifen anzukleben.

Obwohl es grundsätzlich an selbst erlebten Disziplinkonflikten nicht mangelt, sind noch drei Fallbeispiele zu unterrichtlichen Störsituationen aufgeführt, die in Arbeitsgruppen zur Diskussion anregen sollen.

Unterrichtsstörungen

2. Ursachen	1. Vorfälle	3. Maßnahmen
bei den Schüler/innen: • Inkonsequente oder zu strenge Erziehungsmethoden • Über- oder Unterforderung • Müdigkeit/ zu langes Fernsehen • altersgemäße Entwicklungserscheinungen (z.B. Pubertät) • Hyperaktivität • familiäre Situation (z.B. Scheidung oder Konflikte mit Eltern) **bei dem/r Lehrer/in:** • fehlendes Durchsetzungsvermögen • Angst vor den Schüler/innen • häufiger Wechsel der Erziehungsgrundsätze • mißverständliche Körpersprache • ungeeignete Medien und Methoden • eigener Disziplinmangel (z.B. Zuspätkommen) • ungerechte Behandlung von Schüler/innen **in der Schule:** • Lärm im Gebäude/ auf der Straße • zu große Klasse oder zusammengesetzte Klassen • ungünstiger Stundenplan • geringe Kooperation im Kollegium • Stellung des Fachs bzw. der Fachlehrer/innen in der Schule	*„Schule ist doof"* • Trödeln/ Zuspätkommen/ Unterrichtsversäumnisse • Schwätzen/ Reinrufen und -lachen • Konzentrationsschwäche • motorische Unruhe • verbale Provokationen/ Beleidigungen, Obszönitäten • körperliche Gewalt • Verweigernde Arbeitshaltung/ fehlende Hausaufgaben • Lügen/ Mogeln/ Betrügen • Zerstörung von Material/ Vandalismus • Wutausbrüche • Clownerien	**präventive Maßnahmen:** • Klassenregeln • Rituale (z.B. Klangzeichen zum Herstellen von Ruhe) • Auflockerungsmaßnahmen (Bewegungsspiel, Tanz, Lied) • Eindeutige und bestimmte Verbal- und Körpersprache • Paralinguistik (Tonfall oder Tonlage) • Verstärkung von positiven Verhaltensweisen • Rechtzeitiges Unterbinden von aufkommender Unruhe • Intensive Unterrichtsvorbereitung **direkte Reaktionen:** • Tadeln, Konsequenzen androhen bzw. durchführen (z.B. Zusatzarbeit) • humorvolles Kommentieren • Änderung der Sitzordnung • „Isolieren" eines/r Schüler/in • Vertagung in die Pause/ Einzelgespräch • Benachrichtigung der Eltern/ der Schulleitung **didaktisch-methodische Maßnahmen:** • Rhythmisierung des Unterrichts durch Methodenwechsel (z.B. Stillarbeitsphasen) • Rücknahme der Lehrer/innendominanz zugunsten der Schüler/innenaktivität • Unterrichtsgespräch statt enggeführtem LSG

vgl. Hilbert Meyer, UnterrichtsMethoden II, Praxisband, Cornelsen Verlag Scriptor, Berlin, 8. Auflage 1997.

Rezepte zum Umgang mit Unterrichtsstörungen

- Vor dem Unterricht lüften, um die psychohygienischen Voraussetzungen des Lernens zu schaffen und die Entwicklung von Energie und Konzentration zu fördern!

- Unstrukturierte, zusammenhanglose Sitzordnung vermeiden, die sich beispielsweise aus der Auflösung des Klassenverbands in Lerngruppen für den evangelischen RU und Ethik ergibt!

- Herrichten und kurzes Ausprobieren der Geräte, die im Verlauf der Stunde verwendet werden vor Unterrichtsbeginn!

- Eigene Arbeitsmaterialien und Medien übersichtlich auf dem Pult bereitstellen, damit keine Pausen durch Suchen entstehen!

- Klare Anweisungen zum Stundenbeginn geben, welche Lern- und Arbeitsmaterialien sich auf den Tischen befinden sollen (z.B. Federmäppchen und Religionsheft)!

- Klare Regeln ausmachen und auf konsequentes Einhalten der Regeln achten! Eventuell auf Klassenregeln (Plakat im Klassenzimmer) verweisen!

- Rituale einführen, damit man mit wenig Aufwand Anweisungen geben kann:

- visueller Impuls, z.B. gelbe und rote Karte, Piktogramm für „Stillarbeit", „Stuhlkreis" oder „Sitzkreis" u.s.w.

- akustisches Signal, z.B. Küchenwecker bei Stillarbeit oder Triangel bzw. Klangschale. Schlagen Sie diese nicht öfter als ein- bis zweimal in der Stunde an. Alle halten inne und lauschen, bis die Schale ausgeklungen ist. Es entsteht ein „Klang der Stille". Dann erst wird weiter gearbeitet.
Hinweis: Sorgen Sie mit dem Klangschale nicht für „Ruhe", dies würde den besonderen Stellenwert des Mediums beeinträchtigen. Diese Übung soll nicht maßregeln, sondern einladen zum Innehalten und zum Sich-Konzentrieren.

- psychomotorischer Impuls, z.B. gesammelte Haltung der Schüler/innen bei Unterrichtsbeginn oder beim Übergang zum nächsten Unterrichtsschritt: gerade sitzen, Füße auf dem Boden, Arme verschränken, L anschauen lassen…

- Bemühen um das Kennen lernen der Persönlichkeit der einzelnen Schüler/innen, um individuelles Eingehen zu ermöglichen!

- Bestimmte Handlungen durch Reden nicht in ihrem Stellenwert beeinträchtigen, sondern die Aufmerksamkeit auf das Tun von L zentrieren, z.B. nicht reden beim Anzünden einer Kerze, beim Auflegen einer Folie, beim Anschreiben einer Tafelanschrift...

- Sich selbst um verbale Zurückhaltung bemühen!

- Bei aufkommender Unruhe nicht (und schon gar nicht laut) in die Klasse hineinsprechen! Zuvor die Lerngruppe `sammeln´ und einen Moment der Ruhe und Konzentration herstellen!

- Während der Stillarbeit selbst nur flüstern! Bleiben Sie ruhig einmal hinter Ihrem Pult sitzen und trauen Sie Ihren Schüler/innen zu, einmal ohne Sie auszukommen!

- Knappe, deutliche Arbeitsanweisungen geben und von Schüler/innen wiederholen lassen, damit die Arbeitsphase nicht durch ständige Rückfragen unterbrochen wird!

- Bei Hefteinträgen erst Heft und Stift bereitlegen lassen, dann Arbeitsauftrag stellen! Darauf achten, dass kein/e Schüler/in vor Beendigung Ihrer Anweisung anfängt!

- Nach Hefteintrag nicht hineinrufen lassen „Ich bin fertig", sondern Stift auf den Tisch legen und Arme verschränken lassen!

- Nach längerer Einzelarbeit oder LZK zusätzliche Aufgaben oder Materialien bereithalten, z.B. zum Thema etwas malen, ein Buch aus der Klassenbücherei lesen, einem/r langsamen Schüler/in helfen lassen...
Hinweis: Bitte nicht Hausaufgaben machen oder inflationär Mandalas ausmalen lassen!

- Sich immer wieder stürmisch meldende Schüler/innen nicht mehr aufrufen, sondern vorher abwinken oder in ruhigem Ton an die entsprechende Gesprächsregel erinnern!

- Nur eine/r spricht! Schüler/innen haben zu akzeptieren, dass im Rahmen eines Unterrichtsgesprächs ausnahmslos nur eine/r das Sagen hat!

- Den Unterricht pünktlich mit dem Stundengong abschließen bzw. abgeschlossen haben! Wichtige Unterrichtsinhalte nicht unbedingt noch schnell unterbringen wollen, sondern lieber einen geeigneten Ausklang finden und nächste Unterrichtsstunde neu ansetzen!

- Trotz allem: **Verständnis für die Schüler/innen und ein gutes Wort!**

Achtung: *Diese „Rezepte" allein garantieren kein Gelingen eines störungsfreien Unterrichts!*

Stillarbeit

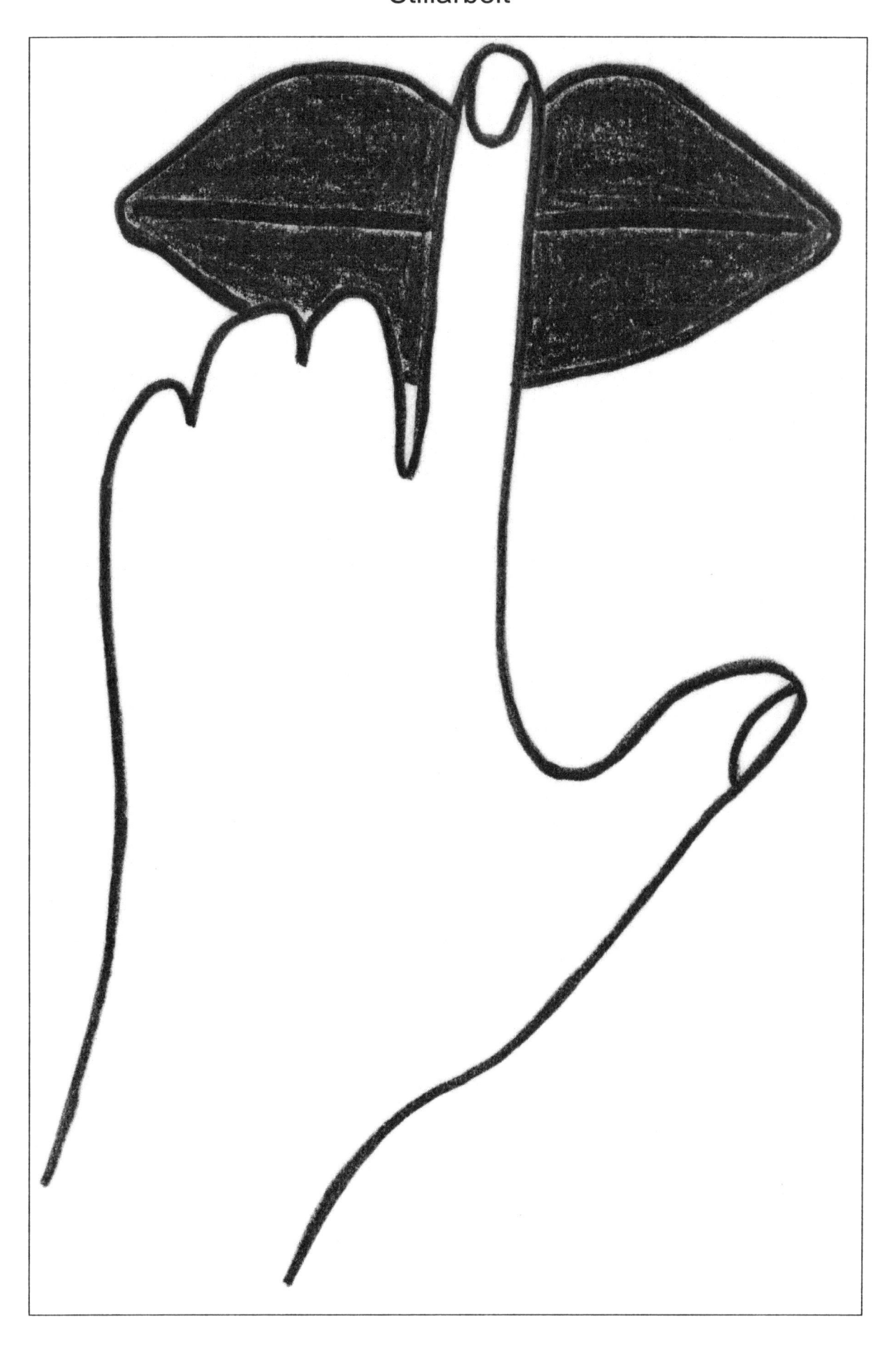

Stuhlkreis

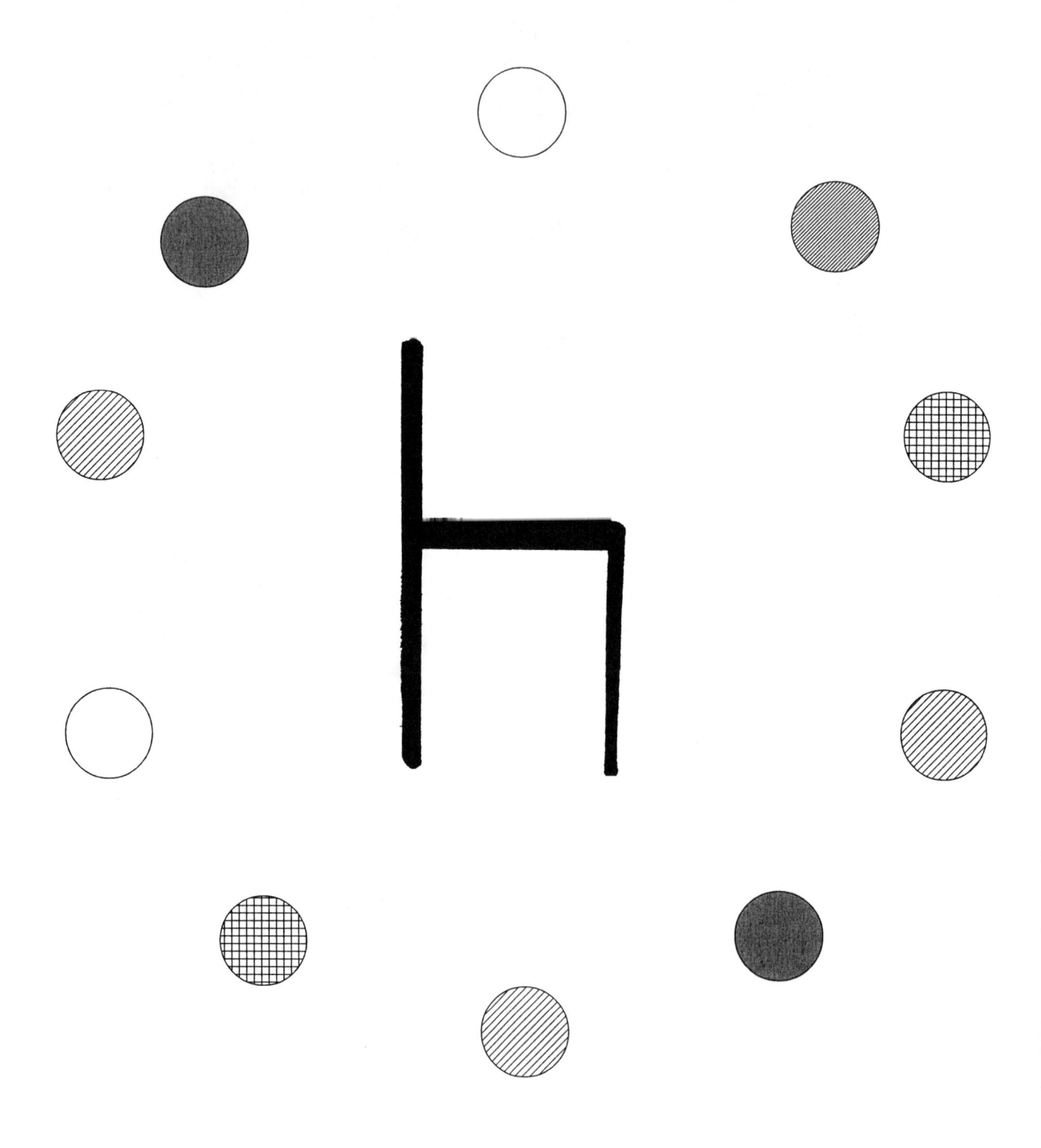

Sitzkreis

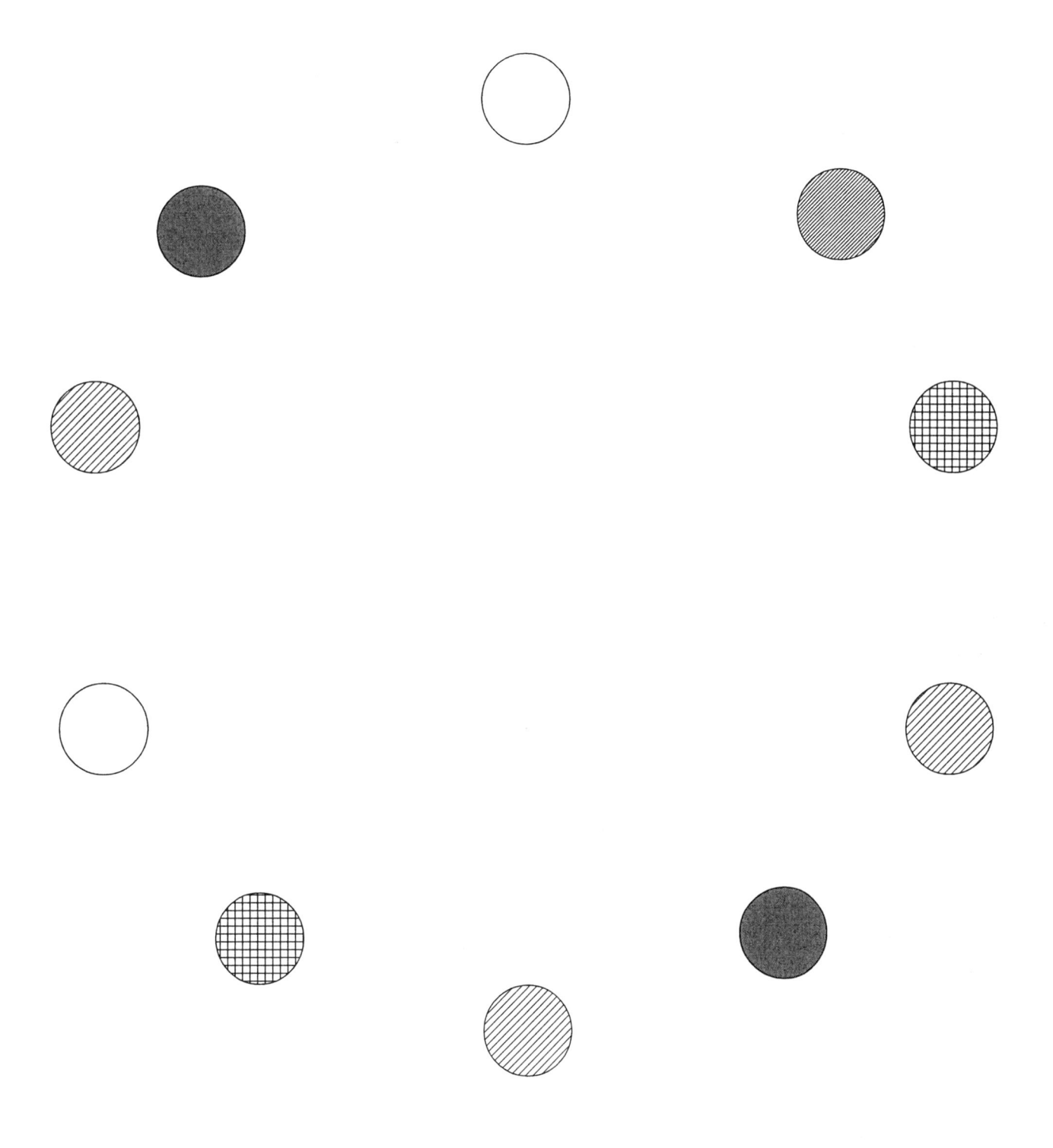

Fallbeispiele zum Umgang mit Disziplinproblemen

1. Der Stuhlkreis in einer 6. Klasse ist so angeordnet, dass jeweils die Buben und die Mädchen in einem Block zusammensitzen. Während des Unterrichtsgesprächs stört sowohl die Bubengruppe als auch die Mädchengruppe, indem die Schüler/innen untereinander schwätzen, lachen, sich gegenseitig ärgern. Auf Ihren Versuch, die Sitzordnung dahingehend zu ändern, dass Buben und Mädchen gemischt sitzen, erklären die Buben, sie dächten nicht daran, der Aufforderung nachzukommen, weil sie mit den Mädchen nichts zu tun haben möchten.

2. Im Sitzkreis auf dem Boden sollen die Schüler/innen einer 2. Klasse ein Legebild, das bis dahin aus farbigen Tüchern besteht, weitergestalten. Dazu stehen ihnen Materialien, wie Muscheln, Blätter, Kugeln und Kastanien in großen Körben zur Verfügung. Die Schüler/innen stürzen sich nach Ihrem Arbeitsauftrag darauf und es kommt zu Kämpfen. Nachdem Sie wieder mühsam einigermaßen Ordnung hergestellt haben, lassen sich die Schüler/innen nicht dazu überreden, die Legephase nach 10 Minuten abzuschließen.

3. Es ist die 6. Stunde. In einer 4. Klasse stören von 20 Schüler/innen ca. 15 Kinder auf diffuse Weise. Es wird getuschelt, gelacht, blitzschnell zugeschlagen, mit dem Stuhl geschaukelt. Wenn Sie eine Gruppe ermahnt haben, fängt die nächste an. Erinnerungen an aufgestellte Regeln halten höchstens eine Minute vor. Weil Sie gar nicht so schnell durchschauen, wer gerade wieder stört, drohen Sie als Kollektivstrafe eine zusätzliche Hausaufgabe an. Daraufhin bricht ein lautstarker Sturm der Entrüstung aus: Diejenigen, die bisher nicht negativ aufgefallen sind, beschweren sich über die Ungerechtigkeit, die Störer/innen fallen mit ein, um von ihren Störaktionen abzulenken und Sie unter Druck zu setzen.

5. Kapitel:
Bibel im Religionsunterricht

5. Bibel im Religionsunterricht

Zu den grundlegenden Zieldimensionen des Religionsunterrichts gehört es, mit den Schüler/innen **elementare** Zugänge zur lebensdeutenden und befreienden Kraft des Wortes Gottes in den biblischen Überlieferungen zu entdecken[1] und ihre eigenen Erfahrungen mit den in den Bibeltexten zugrunde liegenden Gotteserfahrungen in einen Dialog treten zu lassen. Biblische Erzählungen bergen häufig uns ungewohnte und befremdliche Aspekte, die es zu erschließen und zu deuten gilt. Für die Schüler/innen ergibt sich dabei die Chance, neue Deutungsmöglichkeiten für ihr Leben zu gewinnen und ihre eigenen Erfahrungen im Kontext der biblischen Überlieferungen auf andere Weise zu gewichten.[2]

Sich und das Leben in der Bibel zu entdecken, lässt sich unter dem Begriff **„Elementarisierung"** zusammenfassen. Die vier Dimenionen der Elementarisierung nach Karl Ernst Nipkow[3], die im Folgenden schematisch dargestellt sind, sind Grundlage für die Entwicklung einer Unterrichtsstunde mit dem Thema „Jesus heilt die gekrümmte Frau" (Lk 13,10-13) und werden durch entsprechende praktische Beispiele konkretisiert und erfahrbar.

1) Elementare Strukturen (elementares Verlangen nach Einfachheit)
Die Schüler/innen sollen den im Sinne einer sachgemäßen Konzentration vereinfachten Text durch mehrmaliges Lesen sprachlich erfassen und durch das anschließende Niederschreiben eines Psalms[4] selbst in eine Kommunikationsform mit dem Bibeltext treten.

2) Elementare Zugänge (elementares Verlangen nach Verständlichkeit)
Die Schüler/innen sollen sich in die gekrümmte Haltung der Frau und in die Begegnung mit ihr einfühlen. Anhand eines angeleiteten Bewegungsspiels[5] wird den Schüler/innen ermöglicht, sich sowohl mit der gekrümmten Frau als auch mit dem Verhalten ihrer Mitmenschen zu identifizieren. Vertieft wird dieser Zugang durch ein Legebild mit dem Bild der gekrümmten Frau auf einem schwarzen Tuch; die Schüler/innen überlegen sich mögliche Gründe für ihre gebeugte Haltung und visualisieren sie mittels eines Stichworts auf grauem Tonpapier in Form von Steinen, die sie nach jedem Wortbeitrag auf den Rücken der Frau legen.

3) Elementare Erfahrungen (elementares Verlangen nach Erfahrungsnähe)
Die Schüler/innen sollen sich mittels einer Empathieübung bewusst machen, dass auch sie unter „Verkrümmungen" leiden und Menschen brauchen, die sie „berühren" und „aufrichten". Im Rahmen einer symbolhaften Handlung wird neben eine Figur der aufgerichteten Frau auf einem gelben Tuch nach einem Wortbeitrag oder - um die Intimsphäre zu schützen - schweigend von jedem Schüler / jeder Schülerin ein Teelicht gestellt.

---

[1] vgl. *Grundlagenplan für den katholischen Religionsunterricht in der Grundschule*, hg. Zentralstelle Bildung der Deutschen Bischofskonferenz, 1998, 32
[2] vgl. a.a.O., 13f.
[3] Friedrich Schweitzer / Karl Ernst Nipkow / Gabriele Faust-Siehl / Bernd Krupka, *Religions-unterricht und Entwicklungspsychologie. Elementarisierung in der Praxis*. Gütersloh 1995
[4] nach Albert Höfer, *Gottes Wege mit den Menschen. Ein gestaltpädagogisches Bibelwerkbuch*. München 1993, 174 f.
[5] vgl. *Handreichungen 7/1. Arbeitshilfen zum Fachlehrplan Kath. Religionslehre an der Hauptschule*, hg. Kath. Schulkommissariat in Bayern. München 1997, 12, M 8

4) Elementare Wahrheiten (elementares Verlangen nach Gewissheit)
Die Schüler/innen sollen darauf aufmerksam werden, dass Menschen Jesus als Heiland erfahren, dessen Zuwendung ihnen Selbstvertrauen, Größe und Würde verleiht. Im Formulieren eines Psalms (2. Teil: „Du aber Jesus...") wird ihnen Gelegenheit gegeben, diese Erfahrung schreibend zu vertiefen.

Das Strukturmodell einer biblisch orientierten Religionsstunde zeigt schematisch die Verlaufsplanung einer Unterrichtseinheit, in der sich kognitive und affektiv-symboldidaktische Elemente korrelativ ergänzen und erschließen. Die ausgewählten Grundformen biblischen Lernens stellen methodische Varianten vor, wie die Schüler/innen die biblische Botschaft für ihr Leben bedeutsam werden lassen und eigene Zugänge zum befreienden Handeln Jesu finden können.

Stundenthema:	Jesus heilt die gekrümmte Frau (Lk 13, 10-13)
Themenbereich 7.1.	Das macht Mut - Jesu Botschaft vom Reich Gottes

Stundenziel:

Die Schüler/innen sollen anhand der Heilungsgeschichte erkennen, dass Jesu Zuwendung zu den Menschen ihnen Selbstvertrauen, Größe und Würde verleiht.

Teilziele:

Die Schüler/innen sollen...

- sich einfühlen in die gekrümmte Haltung der Frau und in die Begegnung mit ihr

- sich Gründe für ihre gebeugte Haltung bewusst machen

- den entsprechenden Bibeltext kennen lernen

- die Krankheit der gekrümmten Frau und ihre Heilung durch Jesus verinnerlichen

- sich bewusst machen, dass auch sie unter „Verkrümmungen" leiden und Menschen brauchen, die sie „berühren" und „aufrichten".

Lernschritte	Lerninhalte	Methoden	Medien
Einstieg	<u>Einfühlung</u> in die gekrümmte Haltung Die Klasse wird in zwei Gruppen geteilt. Die eine Hälfte geht einige Minuten lang „gekrümmt" (vornübergebeugt) im Klassenzimmer umher, die andere aufrecht. Einzelne begegnen sich, sprechen miteinander. Dann werden die Rollen getauscht. Austausch der Erfahrungen und Empfindungen	Angeleitetes Bewegungsspiel U.G.	
Hinführung	<u>Konfrontation</u> mit einer Abbildung der gekrümmten Frau <u>Aufgabenstellung:</u> Überlege dir mögliche Gründe, warum diese Frau so gebeugt ist! Nach jedem Wortbeitrag wird ein Stein mit dem entsprechenden Stichwort beschriftet und auf den Rücken der Frau gelegt.	Kreisform, Legebild: Figur auf schwarzem Tuch Arbeitsauftrag, U.G.	Schwarzes Tuch, Pappfigur der gekrümmten Frau Steine, ausgeschnitten aus grauem Tonpapier, Stift
Zielangabe	Heute wollen wir eine biblische Geschichte kennen lernen, in der Jesus einer gekrümmten Frau begegnet	LV	

Lernschritte	Lerninhalte	Methoden	Medien
Erschließung	Konfrontation mit dem Bibeltext Lk 13, 10-13 - Leise lesen - Mehrmaliges Lesen mit verteilten Rollen: 1. Der/die Erzähler/in 2. *Die Frau* (sie spricht zwar nicht selbst, aber alles, was sie betrifft, wird extra gelesen) 3. **Jesus** Einmal sprach Jesus am Sabbat in einer Synagoge. *Unter den Zuhörern saß eine Frau, die schon lange krank war. Ihr Rücken war verkrümmt, so dass sie sich nicht mehr aufrichten konnte.* Als Jesus sie sah, rief er sie zu sich und sagte: **„Frau, du sollst deine Krankheit los sein."** Und er legte ihr die Hände auf. *Im gleichen Augenblick konnte sie sich wieder aufrichten und lobte Gott.*	Texterfassung durch Lesen	Folie mit Bibeltext
Vertiefung	Konfrontation mit der Skizze der gekrümmten Frau und dem heilenden Jesus Aufgabenstellung: Formuliere einen Psalm zu den beiden Skizzen mit folgendem Schema: a) Ich bin die gekrümmte Frau. Ich bin ...(unglücklich, einsam, verlassen...) Ich habe...(Sorgen, Angst...) b) Du aber Jesus... (bleibst stehen, berührst mich...)	Betrachtung U.G. Arbeitsauftrag EA	AB
Sicherung	Vortragen der Ergebnisse Nach jedem Vortragen wird ein Stein vom Legebild mit der gekrümmten Frau entfernt	Kreisform, U.G.	AB, Legebild
Transfer	Einfühlung: „berührt" und „aufgerichtet" werden Manchmal brauche ich einen Menschen, der gut zu mir ist. Der mir nahe ist, der mir zuhört, wenn ich etwas erzähle und der mich versteht. Der mich berührt und festhält, der bei mir ist und mich so nimmt wie ich bin. Der mich Mensch sein lässt. So ein Mensch war für die gekrümmte Frau Jesus. Überlege dir, wer oder was dich aus einer „gekrümmten" Haltung wieder aufgerichtet hat. Veränderung des Legebildes: Wer erzählen möchte, stellt ein Teelicht neben die Figur der aufgerichteten Frau, die anderen tun es schweigend (nacheinander)	Empathieübung LV Arbeitsauftrag	Gelbes Tuch, Pappfigur der aufgerichteten Frau, Teelichte

Jesus heilt die gekrümmte Frau (Lk 13, 10–13)

Arbeitsauftrag: Formuliere einen Psalm zu den beiden Skizzen mit folgendem Schema:

Ich bin die gekrümmte Frau.   Du aber Jesus _____

Ich bin / Ich fühle mich _____

_____

_____

_____

Abb. links: Annegert Fuchsgruber, Augsburg; Abb. rechts: Daniel Sell, Siegsdorf, in: Handreichungen 7 / Teil 1. Arbeitshilfen zum Fachlehrplan Katholische Religionslehre an der Hauptschule, hg. Kath. Schulkommissariat in Bayern, München 1997

Umgang mit der Bibel

Elementarisierung der biblischen Botschaft (nach K.E. Nipkow)

	1. Elementare Strukturen	2. Elementare Zugänge
Beschreibung	Die Frage nach den elementaren Strukturen bedeutet eine Vereinfachung im Sinne sach- und textgemäßer Konzentration eines biblischen Themas, um die religiöse Wirklichkeit zu erfassen. Eng verbunden mit der Wirklichkeitserfassung ist die Sprachfähigkeit. Die Bibel hat eine kommunikative Grundstruktur. Die biblische Sprache ist dialogische und betreffende Anrede. Um die einzelnen Sprachformen wirklich nachvollziehen zu können, muss man sie zunächst kennen lernen und sie dann „ausdrücklich" vertiefen.	Die Aufgabe entwicklungsgemäßer Vermittlung der biblischen Botschaft setzt die Überlegung voraus, auf welcher Stufe der kognitiven, religiösen und moralischen Entwicklung sich die Schüler/innen jeweils befinden. D.h. die Jetzt-Situation der Schüler/innen, ihre tatsächlichen Befindlichkeiten sind angesprochen.
Zielperspektiven	• Eigene Wahrnehmungen und Erfahrungen sprachlich äußern und damit die Wahrnehmungskompetenz der Schüler/innen stärken. • Narrative Prozesse initiieren, also das Leben als Geschichte und in Geschichten darbringen. • Alltagserfahrungen sowie den eigenen Glauben authentisch zur Sprache bringen. • Die literarischen Gattungen als Kommunikationsformen verstehen und sich dabei leiten lassen von der Frage: „Was wollte der biblische Autor wem sagen?"	• Konkret erlebbare Zusammenhänge herstellen (Realitätsbezug). • Biblische Texte so zu lebendiger Sprache bringen und in Handlungsprozesse verwandeln, dass die Schüler/innen von ihnen angesprochen werden und ihren Anspruch erfahren.
Konkrete Umsetzung	Reduktion des Bibeltextes (Lk 13,10-13) auf das Wesentliche und sich einlassen auf die kommunikative Grundstruktur der Bibel durch Niederschreiben eines Psalms: „Ich bin die gekrümmte Frau...", „Du aber Jesus..."	Angeleitetes Bewegungsspiel als Einfühlungsübung in die Situation der gekrümmten Frau und ihrer Umgebung Legebild zur Visualisierung möglicher Gründe für ihre „Verkrümmung"

	3. Elementare Erfahrungen	4. Elementare Wahrheiten (Inhalte)
Beschreibung	Bei der Frage nach den elementaren Erfahrungen geht es darum, wie die Erfahrungen der Schüler/innen heute und die überlieferten Glaubenserfahrungen, wie sie in den biblischen Texten zu finden sind, in einer lebendigen Korrelation aufeinander bezogen werden können. Auch Grenzerfahrungen der Schüler/innen sind mit einzubeziehen.	Die biblischen Inhalte sollen den Schüler/innen zu elementaren „Wahrheiten" verhelfen - nicht zu festgeschriebenen Wahrheiten, sondern zu die sie betreffenden Wahrheiten. Die Frage nach den elementaren Wahrheiten in den biblischen Texten ist die Frage nach ihrem theologischen Gehalt, den zentralen Aussagen, z.B. zum Gottes-, Welt- und Menschenverständnis.
Zielperspektiven	• Die religiöse Relevanz elementarer Lebensfragen wahrnehmen. • Die eigene Individualität als Einmaligkeit vor Gott wahrnehmen. • Ehrfurcht vor dem Leben lernen (Schöpfung, Ökologie) und sich dafür einsetzen. • Fähigkeit zur Sammlung: Körperempfinden, Phantasie, Wahrnehmen einer inneren Welt • Sensibilisierung der sinnlichen Wahrnehmung • Kennenlernen religiöser Ausdrucks- und Gestaltformen • Einüben in Formen der Glaubenspraxis: Symbolhandlungen, Gebet, Feiern	• Grundlegende Texte der christlichen Offenbarung einschließlich ihrer Entstehungssituation kennen lernen.
Konkrete Umsetzung	*Empathieübung: „Berührt" und „aufgerichtet" werden* *Legebild zur Visualisierung unserer eigenen „Heilung"*	*Konfrontation mit einer Heilungsgeschichte, die Jesus als „Heiland" erfahren lässt, dessen Zuwendung den Menschen Selbstvertrauen, Größe und Würde verleiht* *Vertiefung durch das Schreiben eines Lobpreises, Gebets oder Dankes in Form eines Psalms: „Jesus, ich danke dir; ich bitte dich..."*

vgl. Elisabeth Reil, *Elementarisierung religiösen Lernens und anzustrebende Qualifikationen im RU der Hauptschule*, in: *Handreichungen. Der Lehrplan Katholische Religionslehre. Einführung und Grundlegung*, hg. Kath. Schulkommissariat in Bayern, München 1997, 54-57

Strukturmodell einer biblisch orientierten Religionsstunde

Artikulation	Inhalte - Sachaspekte – Methoden – Medien	
Einstieg/ Motivation	• Betrachtung eines Bildes zum biblischen Thema • Symbolbild oder –foto aus dem Erfahrungsbereich der Schüler/innen • Legen eines symbolhaften Bodenbildes oder Gegenstandes • Meditativer Einstieg über grundlegende Erfahrungen (Geborgenheit, Angst, Freude, Belastung, Befreiung) • Einfühlungsübung, Phantasiereise • Einführungserzählung aus dem Erfahrungsbereich der Schüler/innen • Vergegenwärtigen des biblischen Umfeldes	
Hinführung: Begegnung mit dem Bibeltext	• Lehrererzählung (evtl. sinnenhaft unterstützt durch ganzheitliche Methoden) • Lesen des Bibeltextes oder eines vereinfachten Textes • Diaserie (anschließend immer Schüler/innenäußerungen)	
Erschließung der biblischen Botschaft	Textimmanente Elemente ←→	Meditative oder symboldidaktische Elemente
	• Text befragen - Unterstreichen wichtiger Worte und Sätze - Heraussuchen der Kernaussage - Zuordnen von Bildern zu Texten - Suchen von Überschriften - Einteilen in Sinnabschnitte - Ordnen von Bildern • Ergebnisse sichern und verdeutlichen - UG in Verbindung mit schriftlicher oder graphischer Fixierung der Kernaussage (TA) - Veränderung, Ergänzung, Neustrukturierung des Tafelbildes bzw. Veränderung des Bodenbildes	• Annäherung an die biblische Kernaussage durch - Einfühlungsübung - Veränderung und Deutung der Symboldarstellung (Boden- oder Tafelbild) - Meditation - Gebärden, Tanz, Szen. Darstellung - Bildbetrachtung - musikalische Gestaltung
Vertiefung der biblischen Kernaussage	• Meditative Elemente, z.B. Bildbetrachtung, Metaphermeditation, Meditativer Tanz, Empathieübung • Vertiefung durch Lieder, Liedrufe, Litanei, Wortreihen, Fürbitten • Kreative Elemente, z.B. Malen, Collage, Szenische Darstellung, Basteln, Heftgestaltung, kreatives Schreiben, Schmücken des Bodenbildes, musikalische Ausdrucksformen (Orff-Instrumente)	
Übertragung (Transfer)	• Rückgriff auf den Einstieg • Anwendung auf die Situation der Schüler/innen • Lied, Gebet, Symbolische Handlung...	

nach: Religionspädagogisches Seminar der Erzdiözese München und Freising

Ausgewählte kreative Grundformen biblischen Lernens

1. Sprache und Text

- Verzögertes Lesen
a) Auslassen von Kernstellen
Diese Lücken im Text müssen von den Schüler/innen ergänzt werden. Es werden ihnen dazu drei Möglichkeiten angeboten.
b) Ein Text wird in Etappen bekannt gegeben. Nach jedem Abschnitt wird die Frage gestellt: „Was könnte, was müsste jetzt geschehen?"
c) Umstellen von Textteilen
Ein Text wird zerschnitten und muss wie ein Puzzle zusammengesetzt werden.

- Psalmen schreiben (*nach A. Höfer*):
- Ich bin ein Jünger im Boot... (Was tue ich?)
- Ich fühle mich... Ich habe Angst...
- Du aber, Jesus/ Gott, du bleibst stehen, du hilfst...
- Gebet/ Lobpreis/ Bitte: Jesus, ich danke dir... ich bitte dich...

2. Kreatives Gestalten

- Dias bemalen
- Leporello
- Wollfadenbilder
Eine biblische Erzählung wird in einfachen Strukturen vorgezeichnet und mit Wollresten beklebt.
- Draht- oder Tonfiguren
Personen biblischer Geschichten werden aus Draht oder Ton hergestellt.
- Bodenbild: Schauplatz der biblischen Erzählung wird mit Tüchern und Legematerial gestaltet.
- Guckschachtel
Schuhschachtel mit Guckloch - innen ist eine biblische Szene

vgl. Albert Höfer, Gottes Wege mit den Menschen. Ein gestaltpädagogisches Bibelwerkbuch, München 1993, 186.

3. Lieder und Musik

- Klangbilder zu einem biblischen Text mit Orff-Instrumenten erstellen

4. Bewegung und Tanz

- Gebärden und Figuren zum „Vaterunser"
- Israelische Kreistänze
- Ausdruckstanz (Not, Trauer, Erleichterung, Freude)

5. Spielen

- Heilungsspiel (A. Höfer)
Die eine Hälfte der Schüler/innen sitzt zusammengekrümmt im Kreis am Boden, das Gesicht nach außen gerichtet und hält sich mit den Händen Augen oder Ohren zu. Die andere Hälfte der Schüler/innen geht langsam um den Kreis herum, bis jeder vor einem am Boden Hockenden steht. In der Rolle von Jesus entfernen sie sorgfältig die Hände der Sitzenden, öffnen ihnen die Augen und Ohren und ziehen sie zu sich empor. Die Geheilten danken schweigend. Dasselbe wird nochmals gespielt mit vertauschten Rollen.

- Weiterspielen
- Wir sitzen im Kreis und bringen den Bibeltext teilweise zu Gehör.
- Wir brechen an einer Stelle ab und suchen in Kleingruppen nach einer Lösung, nach einem Ende der Erzählung des Textes.
- Bei bereits bekannten Geschichten schreiben wir den Schluss neu (z.B. die Geschichte vom barmherzigen Vater)
- Die schriftlich fixierten neuen Schlüsse werden im Rollenspiel vorgetragen

- Schattenspiel für Overheadprojektor

vgl. Markus Bruderer, RU kreativ, Methoden, Konzeptionen und Materialien für einen erfolgreichen Religionsunterricht, DKV, München 1997

6. Kapitel:
Arbeit mit Texten

6. Arbeit mit Texten

Zu den Quellen des Religionsunterrichts zählen neben Legenden und Lebensberichten von beispielhaften Menschen sowie Schriftelementen christlicher Spiritualität Texte aus der Heiligen Schrift. In den unteren Klassen werden biblische Geschichten erzählt und gestalterisch, musikalisch oder bildnerisch vertieft. Wenn ab dem 2.-3. Schuljahr biblische Texte von den Schüler/innen gelesen werden, ist eine altersgemäße Textvorlage Voraussetzung für die Erschließung der Inhalte. Eventuell muss ein Text schülergerecht umformuliert bzw. auf wesentliche Aspekte reduziert werden. Zentrale Begriffe und Sätze, die den Schüler/innen auf Anhieb nicht verständlich sind, müssen im Anschluss an das Lesen mit ihnen erarbeitet werden.

Als **Beispiel für die Arbeit mit einem biblischen Text** dient die Perikope „Gott offenbart sich Mose" (Ex 3,1-15). Zunächst wird ein **Arbeitsblatt** (AB) in einer ansprechenden äußeren Form zu diesem Thema präsentiert, welche die Motivation der Schüler/innen erhöhen soll, sich mit einem Text auseinanderzusetzen. Weiterhin sind die **Arbeitsaufträge** auf dem AB für die Schüler/innen bewusst abwechslungsreich gestaltet, so dass sie eine Alternative zu den oft einengenden Lückentexten darstellen *(aus diesem Grund ist auch die Arbeitsweise des Ausfüllens von Lückentexten auf der Übersicht über die Funktion eines Arbeitsblatts in Klammern gesetzt)*.

Eine geeignete Methode, Schüler/innen Textinhalte verinnerlichen und in eine produktive Wechselbeziehung zu ihren eigenen Erfahrungen treten zu lassen, ist das **kreative Schreiben**. Die Schüler/innen werden angehalten, sich intensiv mit einem biblischen Text auseinanderzusetzen und dann geeignete Gesichtspunkte daraus individuell weiterzuentwickeln. Entsprechende inhaltliche Vorschläge entnehmen Sie den beiden Seiten zum Aspekt „ICH-BIN-DA - Vertiefende Möglichkeiten kreativen Schreibens."

Ein Grundmodell des Umgangs mit Texten im Religionsunterricht

1. Motivation
Den Text in das Zentrum des gemeinsamen Interesses rücken:
Zu jedem Text müssen die Schüler/innen „motiviert" werden → Hinführung zum Text

2. Die Schüler/innen nehmen den Text auf
Der Text muss von den Schüler/innen innerlich wahr- und aufgenommen werden:
Mehrere Male den Text lesen;
Prinzip: das Gleiche in immer anderer Weise (leise – laut lesen, mit verteilten Rollen lesen etc.)

3. Eindruck
Die Schüler/innen sollen verschiedene Eindrücke u. Gefühle äußern können, die das Lesen des Textes bei ihnen auslöst.
Wichtig: Hier gibt es kein „richtig" oder „falsch"; Eindrücke dürfen nicht bewertet werden!

4. Nacherzählen / Nachformulieren mit eigenen Worten
Die Schüler/innen vergegenwärtigen den Text nochmals, gestalten ihn aber auch schon in ihrer eigenen Sprache.

5. Immanente Deutung
Die Schüler/innen deuten den Text aus den bisherigen Erschließungsschritten, z.B.:
„Welche Überschrift können wir dem Text geben?"
„Worum geht es in dem Text?"

6. Kontextuelle Deutung
Deutung und Interpretation des Textes vor dem Hintergrund verschiedener Kontexte:
des Stundenthemas, der Lernziele, der Wirkungsgeschichte des Textes, der Biographie des Autors, sonstiger Fragestellungen, etc.

7. Sicherung / Vertiefung
Das Erarbeitete wird im Heft gesichert.

8. Ausdruck / Gestaltung
Die Schüler/innen gestalten ihre mit dem Text gemachten Erfahrungen:
Malen, kreatives Schreiben, Singen. Spielen, Gestaltung eines Hefteintrages etc.
Oder: Üben, Anwenden, Übertragen etc.

9. Ausklang

vgl. Hans Schmid, Die Kunst des Unterrichtens. Ein praktischer Leitfaden für den Religionsunterricht, Kösel, München 1997, Seite 79f.

Didaktische Aufbereitung des Textes

1) Ich begegne dem Text

Auch die sich vorbereitende Lehrkraft soll den Text in seiner Ganzheit in Ruhe aufnehmen. Sie sollte ihn – auch wenn sie ihn schon kennt – mehrmals lesen, ihn nachformulieren (evtl. schriftlich in Stichworten).

– Wie wirkt der Text auf mich?
– Welche literarische Gattung stellt der Text dar (Erzählung, Parabel, Legende, Märchen, Lehrtext, Gebet, Brief, Lied, Zeitungsbericht, Reportage, Gesetzestext etc.)?
– Welche Gliederung und Struktur weist der Text auf?
– Welche sonstige Eigenart zeigt sich im Text?
– Welche theologischen und sonstigen Fragen wirft der Text auf?
– In welchen Kontexten hat bzw. hatte der Text eine besondere Bedeutung?
– Worum geht es meines Erachtens in dem Text?

2) Den Text mit den Augen und Ohren der Schüler/innen aufnehmen

In Gedanken versetze ich mich in die Lage der Schüler:
– Wie wirkt der Text vermutlich auf die Schüler/innen?
– Was löst er in ihnen aus?
– Können sich die Schüler/innen mit ihren Erfahrungen in dem Text wiederfinden? Wenn ja, in welcher Weise?
– Lösen Worte, Begriffe, Sätze, Passagen bei ihnen Verständnisschwierigkeiten aus (Unterstreichen bzw. Festhalten der Schwierigkeiten)?
– Baut ein Verständnis des Textes auf Voraussetzungen, welche die Schüler/innen nicht kennen?

3) Welche Lernziele können die Schüler/innen mit dem Text erreichen?

4) Welche unterrichtlichen Handlungsmöglichkeiten ergeben sich vom Text her?

Auflistung von Möglichkeiten in den einzelnen Unterrichtsphasen

vgl. Hans Schmid, Die Kunst des Unterrichtens. Ein praktischer Leitfaden für den Religionsunterricht, Kösel, München 1997, Seite 95f.

Das Arbeitsblatt (AB)

Definition

Das AB enthält eine Aufgabenstellung bzw. mehrere strukturierte Arbeitsaufträge, die die Schüler/innen schriftlich oder bildnerisch erschließen sollen.

Didaktische Funktion

- Lesen eines Textes und anschließendes Bearbeiten von Aufträgen, Anweisungen u. Fragen
- Unterstreichen wesentlicher Textstellen und Begriffe
- (Ausfüllen von Lückentexten)
- Aufschreiben eigenständig entworfener Texte
- Ordnen von Abbildungen oder Sätzen in der richtigen Reihenfolge (durchnummerieren oder ausschneiden und kleben)
- Ordnen von Begriffen in Spalten
- Vergleichen von Abbildungen
- Zuordnen von Abbildungen und Begriffen
- Kolorieren von Umrisszeichnungen
- Eintragen geographischer Zeichnungen und Namen in Landkarten
- Zeichnen von Skizzen und Bildern

Kriterien für ein gutes AB

Formale Kriterien

- Jede/r Schüler/in bekommt sein/ihr eigenes AB im Format des Schülerarbeitsheftes. Achten Sie darauf, dass Sie vorher die Ränder beschneiden!
- Das AB soll ästhetisch ansprechend gestaltet sein: Lesbarkeit der Texte vom Schrifttyp und von der Schriftgröße her; visuelle Strukturierung der Textbausteine bzw. graphischen Elemente
- Abbildungen, Dokumente, Texte sollten in der Regel einen Quellenverweis erhalten.
- Informationen, die die Schüler/innen nicht betreffen (z.B. Nummerierung der ABs im Ordner), sollten wegretuschiert werden.

Inhaltliche Kriterien

- Das AB soll in klarer Beziehung zum vorher behandelten Unterrichtsinhalt stehen.
- Das AB soll nicht immer das gleiche Arbeitsschema enthalten, sondern in seiner Aufgabenstellung variieren.
- Der Arbeitsauftrag sollte kurz, präzise und verständlich formuliert sowie untergliedert sein. Erster Arbeitsauftrag (im allgemeinen): „Lies dir den Text durch!"
- Das AB sollte selbsttätiges Lernen der Schüler/innen fördern und möglichst häufig eigenständige Lösungen und Formulierungen zulassen.
- Ergebnisse des AB vorlesen lassen und besprechen!
- AB ordentlich einkleben oder einordnen lassen!

Übungsbeispiel: **Gott offenbart sich Mose am Horeb**

Mose wurde Hirte über die Herden seines Schwiegervaters. Einst trieb er die Schafe weit hinaus, bis an den Rand der Wüste, und kam an den Gottesberg.
Da sah er plötzlich einen Dornbusch, der in hellen Flammen stand und doch nicht verbrannte. Er sagte sich: „Ich will hingehen und mir ansehen, warum der Dornbusch nicht verbrennt; das ist eine sonderbare Erscheinung!"
Gott sah, dass Mose vom Weg abging, um sich das näher anzusehen. Da rief er ihn und sagte: „Komm hier nicht näher! Zieh deine Sandalen von den Füßen, denn da, wo du stehst, ist heiliger Boden!" Dann fuhr er fort: „Ich bin der Gott deines Vaters, der Gott Abrahams, der Gott Isaaks und der Gott Jakobs."
Da verhüllte Mose sein Gesicht, denn er fürchtete sich, Gott anzuschauen.

Der Herr sprach: „Ich habe das Elend meines Volkes in Ägypten gesehen, und ihre laute Anklage über ihre Antreiber habe ich gehört. Ich kenne ihr Leid. Ich bin herabgestiegen, um sie aus der Hand der Ägypter zu entreißen und aus jenem Land hinauszuführen in ein schönes, weites Land."
„Und jetzt geh! Ich sende dich zum Pharao. Führe mein Volk, die Israeliten, aus Ägypten heraus!"
Mose antwortete Gott: „Wer bin ich, dass ich zum Pharao gehen und die Israeliten aus Ägypten herausführen könnte?"
Gott aber sagte: „Ich bin mit dir; ich habe dich gesandt."

Da sagte Mose zu Gott: „Ich werde also zu den Israeliten kommen und ihnen sagen: Der Gott euerer Väter hat mich zu euch gesandt. Da werden sie mich fragen: Wie heißt er? Was soll ich ihnen darauf sagen?"
Da antwortete Gott dem Mose: „Ich bin der **„Ich-bin-da"** und er fuhr fort: „So sollst du zu den Israeliten sagen: Der **„Ich-bin-da"** hat mich zu euch gesandt."

(nach Ex. 3,1-15)

Arbeitsaufträge:

1a)   Wie würden Sie den Text **präsentieren** und **erschließen** lassen?

1b)   Überlegen Sie sich **Arbeitsaufträge** für die Schüler/innen, evtl. sogar die Gestaltung eines AB!

2)   Überlegen Sie sich zu vorliegendem Text eine Möglichkeit des **kreativen Schreibens**!

Lösungsblatt zu Aufgabe 1a)

Mose wurde Hirte über die Herden seines Schwiegervaters. Einst trieb er die Schafe weit hinaus, bis an den Rand der Wüste, und kam an den Gottesberg.
Da sah er plötzlich einen Dornbusch, der in hellen Flammen stand und doch nicht verbrannte. Er sagte sich: „Ich will hingehen und mir ansehen, warum der Dornbusch nicht verbrennt; das ist eine sonderbare Erscheinung!"
Gott sah, dass Mose vom Weg abging, um sich das näher anzusehen. Da rief er ihn an und sagte: „Komm hier nicht näher! Zieh deine Sandalen von den Füßen, denn da, wo du stehst, ist heiliger Boden!" Dann fuhr er fort: „Ich bin der Gott deines Vaters, der Gott Abrahams, der Gott Isaaks und der Gott Jakobs."
Da verhüllte Mose sein Gesicht, denn er fürchtete sich, Gott anzuschauen.

Der Herr sprach: „Ich habe das Elend meines Volkes in Ägypten gesehen, und ihre laute Anklage über ihre Antreiber habe ich gehört. Ich kenne ihr Leid. Ich bin herabgestiegen, um sie aus der Hand der Ägypter zu entreißen und aus jenem Land hinauszuführen in ein schönes, weites Land."

„Und jetzt geh! Ich sende dich zum Pharao. Führe mein Volk, die Israeliten, aus Ägypten heraus!"
Mose antwortete Gott: „Wer bin ich, dass ich zum Pharao gehen und die Israeliten aus Ägypten herausführen könnte?"
Gott aber sagte: „Ich bin mit dir; ich habe dich gesandt."

Da sagte Mose zu Gott: „Ich werde also zu den Israeliten kommen und ihnen sagen: Der Gott euerer Väter hat mich zu euch gesandt. Da werden sie mich fragen: Wie heißt er? Was soll ich ihnen darauf sagen?"
Da antwortete Gott dem Mose: „Ich bin der „**Ich-bin-da**" und er fuhr fort: „So sollst du zu den Israeliten sagen: Der „**Ich-bin-da**" hat mich zu euch gesandt."

(nach Ex. 3,1-15)

Lösungsblatt zu Aufgabe 1b)

Arbeitsaufträge:

1) **Lies** jeden einzelnen Abschnitt noch einmal leise durch!

2a) Finde mit deiner Partnerin / deinem Partner zu jedem Abschnitt eine **Überschrift** und schreibe sie in die ensprechenden Kästchen!

2b) Welche Überschrift würdest du dem gesamten Bibeltext geben?
Schreibe sie auf die erste Zeile!

3a) Unterstreiche die Worte Gottes **blau** und die Worte Mose **rot**!

3b) Schreibe den **Auftrag**, den Mose bekommt, als Überschrift auf deine nächste Heftseite!

3c) Wie **reagiert** Mose? Beschreibe mit eigenen Worten und bilde ganze Sätze!

3d) Bist du in deinem Leben auch schon einmal vor einer **schwierigen Aufgabe** gestanden, die du dir zuerst nicht zugetraut hast? Schreibe deine Gedanken in den Rahmen!

Schneide den Rahmen aus und klebe ihn in dein Heft!

Kreatives Schreiben

Definition
Kreatives Schreiben meint **Textarbeit**, die Wert legt auf eigenständiges Formulieren und Schreiben, wodurch die **Selbsttätigkeit** und **Kreativität** der Schüler/innen in hohem Maße gefördert wird.

Methodische Anforderungen
1) Im kreativen Schreiben bringen die Schüler/innen ihre **eigenen Gedanken, Assoziationen und Gefühle** zum Ausdruck. Das Unterrichtsthema wird so zum Thema der Schüler/innen.
2) **Ganzheitliches, handlungsorientiertes Lernen** wird angestrebt: Kopf (Gedanken), Herz (Gefühle) und Hand (Darstellung).
3) Durch die Eigentätigkeit wird das Thema mit der **Lebens- und Erfahrungswelt** (ob bewusst oder unbewusst) der Schüler/innen konfrontiert.
4) Im anschließenden Vergleichen und Besprechen (PA, GA oder Plenum) kann jeweils der eigene Standpunkt eingebracht werden. Durch diese intensive Auseinandersetzung wird der Lernprozess vertieft und verinnerlicht. Vor allem die **Affekte** der Schüler/innen werden angesprochen.

Varianten kreativen Schreibens

Texte verfremden
- Texte von damals in die heutige Sprache übertragen (Vater-unser)
- Texte als Nachricht oder Zeitungsartikel gestalten (Bekehrung des Saulus)
- Texte reduzieren (Kernworte eines Textes, z.B. Psalms werden unterstrichen und von den Schüler/innen in einem eigenständig geschriebenen Text wiederverwendet)

Aus einer Perspektive schreiben
- Fiktive Briefe verfassen (zum Thema Sinnfrage, zu einem Konflikt einen Rat geben)
- Als Person einer biblischen Geschichte einen Tagebuchbericht schreiben
- Als Randfigur (eines Textes oder Bildes) das zentrale Ereignis kommentieren

Texte weiterschreiben
- Gedichte mit Satzmuster zu Ende schreiben
- Eine Geschichte mit offenem Schluss weiterschreiben
- Die Vorgeschichte rekonstruieren - z.B. Warum ist dieser Mensch in diese Situation geraten?

Zu Themen eigene Texte verfassen
- Gebete schreiben und ein Klassengebetbuch erstellen
- Einen Leserbrief zu einem aktuellen Thema verfassen

vgl.: L. Rendle u.a., Ganzheitliche Methoden im RU. Ein Praxisbuch, 1996, 156 f.
Beachte auch: DKV-Materialbrief RU 4/91: „Kreativer Umgang mit biblischen Texten", DKV, München 1991

Lösungsblatt zu Aufgabe 2)

ICH-BIN-DA

Vertiefende Möglichkeiten *Kreativen Schreibens*

- **Metaphermeditation**

Ich bin da wie die Sonne, die dir Wärme gibt.
Ich bin da wie eine Flamme, die nie verlöscht.
Ich bin da wie eine Wolke, die dich mit Liebe umhüllt.
Ich bin da wie ein Licht, das deinen Weg erleuchtet.
Ich bin da wie ein Herz, das immer für dich schlägt.
...

- **Schreibspirale**

Um Gott als die Mitte und den Ursprung des Lebens auch visuell darzustellen, kann man die metaphorischen Sätze in Form einer Spirale aufschreiben lassen.

- **Umschreibungen finden**

Suche eigene Umschreibungen des Namens Gottes in Sätzen, z.B.
Ich-helfe-dir; Ich-beschütze-dich; Ich-verlasse-dich-nicht...

- **Akrostichon**

Suche dir ein Bild von Gott aus (*s. Metaphermeditation*)!
Die Bezeichnung des gewählten Bildes oder der Metapher wird senkrecht auf ein Blatt Papier geschrieben und gibt somit die vertikale Länge des Textes vor. Jeder Buchstabe dient als Beginn des Anfangswortes einer neuen Zeile, z.B.

> **H**err und Gott,
> **E**ins sein mit dir in
> **R**auhen
> **Z**eiten

Wie viele Worte jeweils in eine Zeile geschrieben werden, ist den Schüler/innen freigestellt.

- **Gebet formulieren**

Schreibe auf, was du <u>Gott fragen</u>,
       was du <u>Gott sagen</u> möchtest!

Den Schüler/innen werden dabei postkartengroße Blätter ausgeteilt, auf die sie jeweils eine Frage formulieren bzw. etwas ihnen Wichtiges zu Gott sagen.
Die Texte auf den ausgeteilten Karten können die Schüler/innen als Gebete vorlesen.[1]

---

[1] vgl. *Konrad Bürgermeister, Marieluise Moser, Andrea Wirth: Bei Sinnen sein. Zu sich und zu Gott finden, Winzer 1998, 103*

- **Text weiterschreiben**

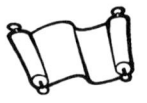

Gott (Jahwe) sagt: ²

Auch wenn du manchmal nicht mehr weiter weißt,
weil deine Umgebung dich nicht versteht,
ich verspreche dir: ICH BIN BEI DIR.

Wenn du traurig bist,
weil der Erfolg dich im Stich lässt
und jeder an deinen Fähigkeiten zweifelt,
ich verspreche dir: ICH BIN BEI DIR.

Wenn du alles satt hast
und du dich eingeengst fühlst von deinen Pflichten,
ich verspreche dir: ICH FÜHLE MIT DIR.

Und wenn du dich einmal freust,
weil du den Himmel auf Erden entdeckt hast
und du vor lauter Glück in die Luft springen möchtest,
ich verspreche dir: ICH SPRINGE MIT DIR.

Satzmuster: Wenn du...,
              ich verspreche dir: ICH BIN BEI DIR.

- **Das Glaubensbekenntnis des Mose schreiben -
  ein eigenes Glaubensbekenntnis schreiben³**

Ich glaube an Gott,
der mir im Dornbusch begegnet ist,
der mir Unglaubliches zutraut,
der mich führt, auch wenn ich unsicher bin,
der mit mir unterwegs ist,
zu dem ich gehen kann, wenn ich mich nicht mehr auskenne,
der mich nie allein lässt...

So können viele Beiträge zu einem großen Glaubensbekenntnis verschmelzen und über das Schuljahr Grundlage des Betens in Klasse und Gruppe werden.

Daraus kann auch bewusst das ganz persönliche Glaubensbekenntnis erwachsen, das jede/r Schüler/in für sich schreibt:

Ich, N.N., glaube an Gott,
der...

---

[2] *vgl. Konrad Bürgermeister, Marieluise Moser, Andrea Wirth: Bei Sinnen sein, 1998, 84*
[3] *vgl. a.a.O., 69*

7. Kapitel:
Arbeit mit Bildern

7. Methoden der Arbeit mit Bildern

Bilder, die im Religionsunterricht gezeigt werden, sollten von ihrem künstlerischen Anspruch her nicht nur einfach Illustrationen zu bestimmten Bibelstellen oder religiösen Motiven, sondern vielmehr Interpretationen mit einer eigenständigen Aussage darstellen, die zu einer echten Begegnung zwischen Bild und Betracher/in führen. Damit es zu einem Dialog kommen kann, sollen Bilder nicht nur als visueller Impuls für einen Einstieg oder eine mündliche Zusammenfasung der Unterrichtsinhalte eingesetzt werden, sondern der Stunde als zentrales Medium dienen. Die Schüler/innen, die im Alltag einer Bilderflut von Videofilmen, Comics und Werbung ausgesetzt sind, sollen zum intensiven, konzentrierten Betrachten <u>eines</u> Bildes oder <u>eines</u> Details herangeführt werden.

Voraussetzung für eine langanhaltende Auseinandersetzung mit einem Bild ist die entsprechende Präsentation:
Um die Motivation der Schüler/innen zu erhöhen, sollte der Dia- oder Overheadprojektor erst eingeschaltet werden, wenn alle Lichtquellen verdunkelt sind und die Klasse von ihrem Verhalten her zur Ruhe und Aufmerksamkeit bereit ist. Deckt man bei einer Foliendarstellung auf dem Tageslichtprojektor das die Folie umgebende „Fremdlicht" mit einem Rahmen aus Pappe ab, so wird der Blick des Betrachters / der Betrachterin auf die Projektion focussiert; farbige Abbildungen gewinnen durch die sie umgebende Dunkelheit an Leuchtkraft und Brillianz. Weiterhin ist darauf zu achten, dass die Wandfläche oder die Leinwand von der Projektion nicht überschnitten und evtl. die Decke des Klassenzimmers miteinbezogen wird.

Das folgende Kapitel beschäftigt sich zunächst mit verschiedenen **Methoden** im Umgang mit Bildern, dann wird die **konkrete Arbeit** mit einem gegenständlichen (Max Beckmann, „Christus und die Sünderin") sowie einem nichtgegenständlichen Bild (Max Bill, „fünfzehn variationen über ein thema") vorgestellt.

Der Blick auf die Vielfalt religionspädagogischer Methoden zur Bildbetrachtung und -erschließung lässt die Frage aufkommen, inwieweit hier ein gegenstandsloses Bild ohne vordergründige religiöse Dimension „verzweckt" wird. Max Bill selbst hat das aus der mathematischen Denkweise hervorgegangene *thema* in 15 Variationen abgewandelt und mit konkreten Bildmitteln neu interpretiert. Ihm ging es dabei um ein „reines Spiel von Form und Farbe", indem ein „einziges Thema, das heißt eine einzige Grundidee zu fünfzehn sehr verschiedenen Gebilden führt", das die Möglichkeit, „noch weitere Variationen aus dem gleichen Thema zu entwickeln", zulässt. (Max Bill, Zürich, November 1938, in: Max Bill, Retrospektive. Katalog zur Aussstellung, Frankfurt 1987, S. 81)

Um sich nicht bei dem nach mathematischen Gesetzen gestalteten Bild dem Vorwurf der bloßen religionspädagogischen Vereinnahmung auszusetzen, müssen Zugänge gefunden werden, die dem Kunstwerk gerecht werden. Dazu gehört eine intensive Bildbetrachtung ebenso wie eine gründliche Erschließung mittels vielfältiger sinnenhafter Weisen. Erst im Anschluss an die werkimmanente Analyse kann das Kunstwerk aufgrund seiner neuen Sicht der Wirklichkeit, die die gewohnte Wahrnehmungs- und Erfahrungsweise aufbricht, mit einem religionspädagogischen Thema in eine wechselseitige Beziehung treten, indem es die Schüler/innen zur Interpretation und Orientierung in der ihn bestimmenden gesellschaftlichen Wirklichkeit befähigen soll.

Die im Unterricht verwendete Folie „Christus und die Sünderin" von Max Beckmann ist entnommen aus: *„Christusbilder zwischen Provokation und Tradition. Folien-Farbbilder-Erklärungen, hg. Religionspädagogisches Seminar Regensburg, 1997, Folie 39.*

Weitere Methoden zur Arbeit mit Bildern entnehmen Sie dem DKV-Materialbrief Religionsunterricht 1/94: „Damit uns die Augen aufgehen. Über den Umgang mit Bildern im RU", DKV München 1994.

Methoden der Arbeit mit Bildern

Bildvergleich
Zwei motivgleiche Bilder werden auf Gemeinsamkeiten und Unterschiede hin untersucht.

Verzögerte Bildbetrachtung
Von dem Bild wird zunächst nur ein Detail vorgestellt und interpretiert. Schrittweise wird das ganze Bild so zugänglich gemacht.

Bildmeditation
Lehrer(in) spricht zu einem Bild Meditationsanstöße.

Ergänzungscollage
Das Bild oder ein Detail wird auf einen weißen Karton geklebt. Schüler/innen interpretieren durch Malen oder Kleben auf ihre Weise.

Verfremdung des Bildes durch eigene Farbgebung
Das Bild wird mit den Farben, die die Schüler/innen selbst auswählen, neu gemalt und anschließend die Farbwahl begründet.

Bilddialoge
Zu einem Bild, das mehrere Personen in einer charakteristischen Konstellation zeigt, erarbeiten Schüler/innen einen fiktiven Dialog zwischen den Personen. Der Dialog kann szenisch gespielt werden.

Interview mit dem Bild
Ein(e) oder mehrere Schüler/innen richten Fragen an das Bild. Eine Gruppe von Schüler/innen versucht, auf die Fragen angemessen zu antworten.

Bilderpuzzle
Ein Bild wird zerschnitten, die Schüler/innen setzen es wieder zusammen.

Lücken füllen
Ein Bild wird ausgehändigt, in dem (entscheidende) Bildelemente fehlen. Diese Lücken werden nach eigenen Vorstellungen ergänzt.

Konturen ausmalen
Von einer farbigen Vorlage erhalten die Schüler/innen eine Konturenskizze. Diese sollen sie ausmalen; ihr Ergebnis wird mit dem Original verglichen.

vgl. Materialheft Religionsunterricht 1/94 „Damit uns die Augen aufgehen", DKV, München 1994

Ein Grundmodell des Umgangs mit Bildern im RU

1. Erstbegegnung mit dem Bild
Die Subjektivität der Schüler/innen begegnet der Objektivität des Bildes.
Unter Umständen Bemerkungen und Impulse, welche die Erstbegegnung erleichtern.

2. Das Bild in Ruhe anschauen
Stilles Betrachten und Abtasten des Bildes:
„Lassen wir uns etwas Zeit und schauen uns das Bild zunächst einmal an!"

3. Immanente Beschreibung
Das, was wir sehen, „zeichnen" wir in Worten gemeinsam nach. Wir „gehen" beschreibend im Bild „spazieren". Scheinbar „Unwichtiges" und „Selbstverständliches" soll genannt werden:
– Beschreibung der Farben, Formen, Gesten, des Bildaufbaus, der Struktur etc.
– Beschreibung der auf dem Bild dargestellten Personen und Geschichten etc.
Unter Umständen fahren Schüler/innen die Bildlinien mit ihrem Zeigefinger nach.

4. Kontextuelle Betrachtung
Die Lehrkraft bringt Informationen in den Erschließungsprozess ein, die im Bild nicht unmittelbar ersichtlich sind oder nicht abgeleitet werden können, d.h. von außerhalb kommen:
– ikonographische Bedeutung von Farben, Linien, Gesten, Symbolen, Gewändern etc.
– biblischer Bezugstext
– Entstehungssituation des Bildes
– biographische Informationen zum/zur Künstler/in und seinem/ihrem Anliegen
– Bedeutung des Bildes in verschiedenen Epochen und bei verschiedenen Menschen (Wirkungsgeschichte)

5. Deutung des Bildgehalts aus der bisher rekonstruierten Bildgestalt
Worum geht es in diesem Bild? Wie hat der/die Künstler/in das Thema dargestellt und gedeutet? Was ist hervorgehoben? Welche Probleme und Überzeugungen kommen dabei zum Ausdruck? Welche Glaubensüberlieferung spiegelt sich in dem Bild?

6. Bildbegegnung
Die Bilderschließung soll wieder zur Subjektivität der Schüler/innen zurückführen:
„Wo finde ich mich in dem Bild wieder?", „Was zieht mich an, womit habe ich Schwierigkeiten?"
„Wenn die Personen auf dem Bild sprechen könnten, was würden sie sagen?" (wichtig dabei, die wörtliche Rede zu verwenden) etc.

7. Sicherung/ Vertiefung
Das Erarbeitete wird (im Heft) gesichert.

8. Ausdruck/ Gestaltung
Die Schüler/innen gestalten ihre mit dem Bild gemachten Erfahrungen: Meditative Gestaltung von Umrisszeichnungen, Abzeichnen, Malen mit Modifikationen, kreative Texte etc.

9. Ausklang

vgl. Hans Schmid, Die Kunst des Unterrichtens. Kösel, München 1997, 125f.

Max Beckmann: Christus und die Sünderin, 1917

Skizze: Margarete Luise Goecke-Seischab, Von Klee bis Chagall. Kreativ arbeiten mit zeitgenössischen Graphiken zur Bibel. Kösel/Calwer, München/Stuttgart 1994, Seite 163

Vorschläge zur praktischen Umsetzung und Vertiefung:

- **Verzögerte Bildbetrachtung** Folie abdecken und nur die in sich geschlossene Figurengruppe „Christus und die Sünderin" zeigen und beschreiben lassen

  Folie abdecken: Hände zeigen und Gestik charakterisieren lassen

- **Körperbezogene Bildbetrachtung:** Den rechten Zeigefinger zu einem Gravurstift und die linke Hand zu einer Tafel verwandeln, in die der Stift ausgewählte Teile des mit den Augen geschauten Bildes eingraviert.

- **Identifikation** Verhältnis der Personen zueinander besprechen
  Wo auf dem Bild möchtest du stehen?
  Was würdest du auf dem Bild verändern (bemalen, ausschmücken, wegstreichen, hervorheben, markieren, übermalen...?)

- **Empathie** Sprech- und Denkblasen erfinden lassen

  Körperhaltungen und Mimik im Standbild nachstellen lassen
  Im Anschluss daran:

- **Rollenspiel**

- **Klangbild** Die Umstehenden klagen an (Klangstäbe, Dissonanzen erzeugen, in schneller Abfolge laut auf einen alten Topf schlagen lassen...)
  So fühlt sich die Sünderin (langsame dunkle Töne eines Xylophons...)
  Jesus wendet sich der Sünderin zu (Melodie auf Glockenspiel...)

- **Colorieren** In einer Umrisszeichnung *(s. Skizze)* die zurückhaltende Farbgebung M. Beckmanns durch expressive Farben ersetzen, um die Stimmung wiederzugeben

- **Ausdrucksbild** Wut, Schuld und Erleichterung mit Farben ausdrücken (Malkasten...)

- **Bildvergleich** Abb. mit anderen symbolhaften Bildern vergleichen, auf denen „Hände" abgebildet sind (z.B. Hand Gottes im Kreissymbol)

- **Kreatives Schreiben** Aus der Sicht der Sünderin einen Dankbrief an Jesus schreiben lassen

- **Collage** Die Figurengruppe „Christus und die Sünderin" aus dem Kontext heraus nehmen und in neuen, zeitgenössischen Zusammenhang stellen lassen: Wann zeigen wir mit dem Finger auf andere Menschen, werfen den ersten Stein?

- **Segenswort** Karten erstellen mit der bergenden rechten Hand Christi, Segensworte formulieren und sich gegenseitig schenken lassen *(s. Vorlage)*

- **Biblische Texte** Sich mit Jesusworten identifizieren[1]

Jo 8,11	Ich will dich auch nicht verurteilen!
Lk 6,8	Stell dich in die Mitte! Du bist wer!
Lk 7,13	Weine nicht!
Lk 18,41	Du sollst wieder sehen können!
Lk 10,4	Geht! Nehmt keinen Geldbeutel, keine Vorratstasche, keine Schuhe mit!
Mk 6,31	Kommt und ruht euch ein wenig aus!
Mt 6,32	Der Vater im Himmel weiß, was du brauchst!
Mt 8,26	Was habt ihr solche Angst? Ich bin doch bei euch.
Mt 11,28	Kommt alle zu mir, die ihr es schwer habt!

Suche dir eine Karte mit einem Wort Jesu aus, die dir persönlich etwas sagt![2]

Lehrerin/Lehrer gibt jeweils Informationen zum biblischen Hintergrund und Impulse zur Aktualität der Jesusworte.

- Ein Jesus-Wort vertonen:

Vertone mit Hilfe eines Instrumentes diesen Satz!

- Zu einem Jesus-Wort ein Bild suchen (oder umgekehrt)

Klebe das Bild auf ein Blatt und male noch etwas dazu, was zu deinem Satz passt! (Collage)

- Malen und Gedanken aufschreiben

Schreibe das Jesuswort in Schönschrift in dein Heft.
Male ein Bild zu diesem Satz und schreibe deine Gedanken zu diesem Bild auf!

- Gedanken aufschreiben

Schreibe das Jesuswort auf!
Denke in Ruhe über diesen Satz nach und schreibe deine eigenen Gedanken dazu auf!

---

[1] vgl. Konrad Bürgermeister, Marieluise Moser, Andrea Wirth: *Bei Sinnen sein. Zu sich und zu Gott finden*, 1998, 40-45
[2] vgl. R. Oberthür/ A. Mayer, *Psalmwort-Kartei*, 1995

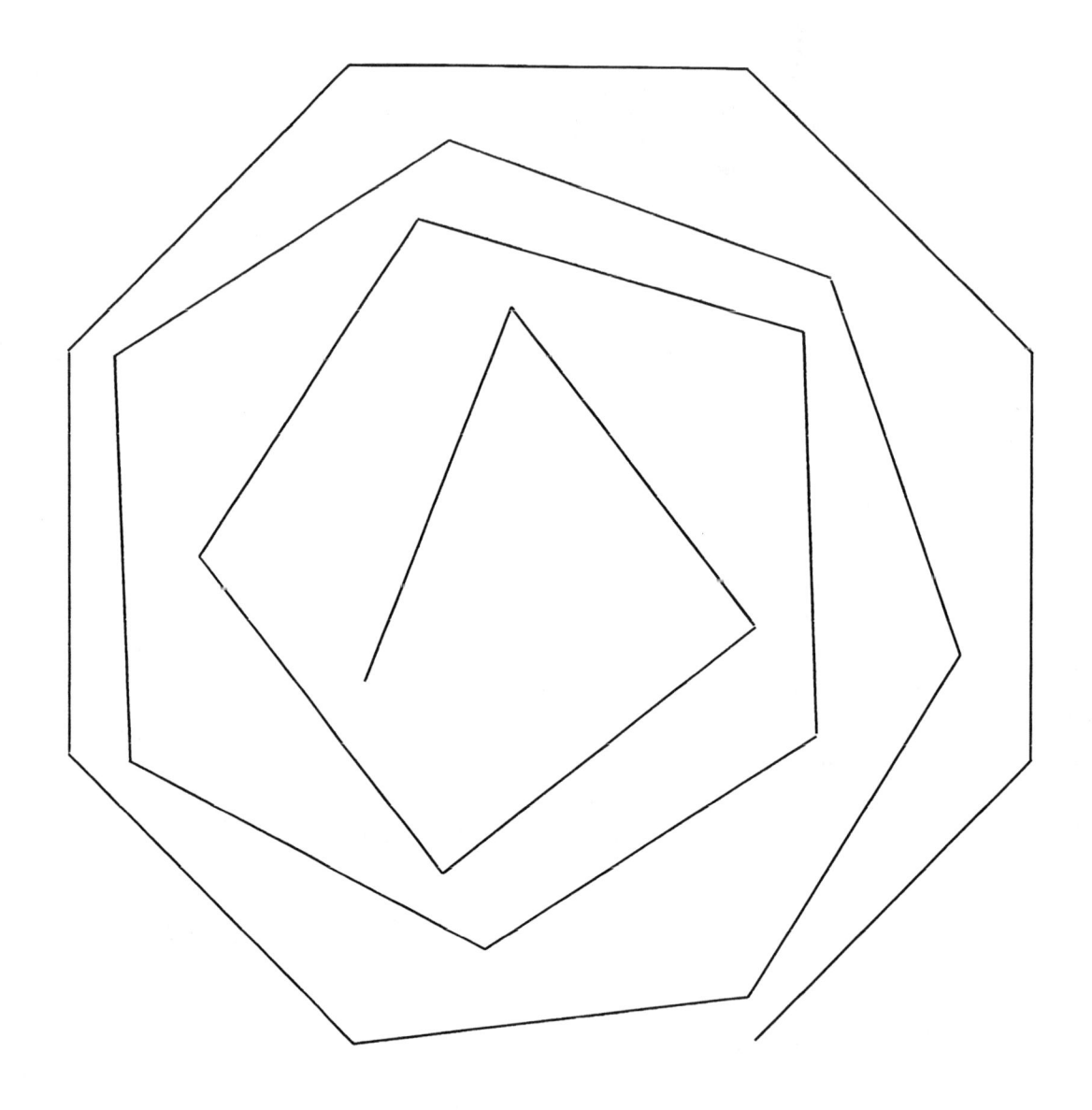

Max Bill: fünfzehn variationen über ein thema, 1938
(VG-Bild, Bonn, 1999)

Max Bill: fünfzehn variationen über ein thema, 1938
(VG-Bild, Bonn 1999)

Interpretation:

Der Schweizer Künstler Max Bill (1908 - 1987) gilt als ein Vertreter der „Konkreten Kunst", eine aus der mathematischen Denkweise hervorgehenden Kunstrichtung. Dabei geht die geometrische Kunst nicht von einem Abstraktionsvorgang aus, sondern basiert auf dem unmittelbaren Umgang des Künstlers mit den **konkreten** Bildmitteln, wie Fläche, Linie, Volumen, Raum und Farbe.

Das serielle Kunstwerk „fünfzehn variationen zu einem thema" zeigt als Grundthema eine spiralenähnliche Entwicklung in Form einer schwarzen Linie, die von einem gleichseitigen Dreieck in ein gleichseitig-gleichwinkliges Achteck überführt. Grundidee der „variationen" ist das Spiel einfachster Elemente, die die Unbegrenztheit und gleichzeitig die logische Beweisführung der Variationsmöglichkeit der „Konkreten Kunst" darlegen sollen.

Religionspädagogischer Bezug:

In der Form der Spirale „wird das ständige Kreisen um eine Mitte in endloser Wiederholung durchbrochen bzw. überstiegen. Als Bewegung nach innen bringt sie Verdichtung, Konzentration, Introversion. Als Bewegung nach außen bedeutet sie Weitung, Extraversion".[1]

Ziel einer Spirale ist somit entweder die Mitte, aber auch die Weite. Auf dem Weg zur Mitte beginnen wir an irgendeinem Punkt und gehen weiter, wobei der Weg uns das Nachdenken über uns selbst, das Zu-sich-selbst-finden und die (meditative) Suche nach dem Eigentlichen und Wesentlichen, nach Gott ermöglicht. Somit wird die Spirale zum Symbol der Gotteserfahrung des Menschen. Der Weg nach außen bedeutet den Aufbruch aus der Geborgenheit in das Leben, hin zu den Mitmenschen, die Öffnung vom Ich zum Du.

Das spiralförmige *thema* von Max Bill ist nicht rund geformt, sondern hat Ecken und Kanten - Stationen auf dem Weg zum Verweilen, zum Ausruhen und zur Neuorientierung. Der spiralähnliche Ablauf, der immer wieder durch Eckpunkte in eine andere Richtung geleitet wird, hilft uns innezuhalten und unsere Sichtweise zu reflektieren und verändern. Letzlich gelangen wir auf diesem Weg aber immer zu unserer Mitte, die uns Halt und Sinn vermittelt.

---

[1] *Religionspädagogische Praxis 1995/2, S. 51*
Literatur: max bill. retrospektive. skulpturen gemälde graphik 1928-1987. Kat. Ausst. Frankfurt 1987

Möglichkeiten zur praktischen Umsetzung und Vertiefung:

- **Bildbetrachtung: Max Bill, *das thema*, aus: 15 variationen über ein thema**

Die Abbildung (Folie) wird beschrieben und interpretiert *(s. Interpretation)*. Zur intensiveren Aneignung fahren die Schüler/innen optisch die Linien nach.

- **Leibbezogene Bildbetrachtung**

Auf einer Abbildung (AB), die jedem/r Schüler/in zugänglich gemacht wird, fahren die Schüler/innen mit dem Finger die Linien von außen nach innen nach. Dabei stellen sie Beziehungen und Zusammenhänge her zu ihrem eigenen Unterwegs-sein, zu ihren eigenen Lebenswegerfahrungen. Eine vertiefende Alternative wäre, die linare Struktur mit (abgebrannten) Streichhölzern oder Wollfäden legen bzw. kleben zu lassen.

- **Lebensweg**

Die Schüler/innen werden aufgefordert, ihren eigenen Lebensweg von der Geburt über die verschiedenen Stationen des Lebens mit allen Kanten und Richtungsveränderungen innerhalb des *themas* bildnerisch darzustellen.

- **Spiralförmige Schreitprozession**

das thema wird mit Rundstäben auf dem Boden gelegt. Nacheinander dürfen die Schüler/innen unter musikalischer Begleitung von einer Linie zur nächsten schreiten.

Bewegungseinheiten: 1) rechter Fuß einen Schritt vor
2) linker Fuß einen Schritt vor
3) rechter Fuß einen Schritt vor
4) am Platz auf dem linken Fuß zurückwiegen

Wiederholung, bis die Musik zu Ende ist.

Die Schrittfolge ist zur Suite Nr.3, Air, D-Dur von J.S. Bach oder zu jeder getragenen, ruhigen Musik im Vierertakt möglich.
(vgl. Josef Kraus, Winfried Schwarz, Elfriede Woller, Wege in die Tiefe, hg. Kath. Schulkommissariat in Bayern. München 1993, 34)

- **Mandala**

Die Schüler/innen gestalten *das thema* nach eigenen Vorstellungen farbig. Danach versuchen sie zu erklären, was sie mit den Farben ausdrücken wollten oder lassen vermuten.

- **Bodenmandala/Bodenlegebild: Jesus ist unsere Mitte**

Die Mitte des *themas* wird mit einem Tuch ausgelegt. Darauf werden eine Christus-Ikone sowie ausgewähltes Legematerial, wie goldene Kugeln, selbstgebastelte Formen aus Goldfolie, Halbedelsteine, Glassteine... gelegt.

- **Klangspirale**

Die Schüler/innen versuchen mit Hilfe von Orff-Instrumenten, der Linienstruktur Töne zuzuordnen, so von außen zur Mitte von hellen zu dunklen Tönen (oder umgekehrt?)

- **Biblischer Bezug**: **Weggeschichten der Bibel, die die Begegnung mit Gott als Wegerfahrung darstellen, aber auch Zweifel und Überlegungen sowie Richtungsveränderungen beinhalten, z.B.**

- **Israels Weg durch die Wüste** (Auszug aus Ägypten; Durch das Rote Meer; Brot vom Himmel, Wasser aus dem Felsen; Am Berg Sinai; Das goldene Kalb; Moses sieht das Land)

- **Josef und seine Brüder** (Josef und seine Brüder; Josef in Ägypten; Josef im Gefängnis; Josef vor dem König; Josef rettet Ägypten; Josefs Brüder reisen nach Ägypten; Josef söhnt sich aus)

- **Abraham** (Gott gibt Abraham sein Versprechen; Abraham im neuen Land; Abraham muss warten; Abraham bekommt Besuch; Gott prüft Abraham)

- **Rut** (Rut und Noomi in Moab, Rückkehr nach Betlehem, Rut befolgt Noomis Rat und wird Stamm-Mutter Jesu)

-**Maria** (Verkündigung, Geburt Jesu, Flucht nach Ägypten, Zeit in Nazareth, Kreuzigung Jesu, Auferstehung)

vgl. auch Jesusbegegnungen mit Menschen: Samariterin am Jakobsbrunnen, Maria Magdalena, Zachäus, Nikodemus, die Gekrümmte, die Sünderin, Lazarus und Maria und Martha etc.)

Methode: *das thema* in vereinfachter Form mit Rundstäben als Bodenbild legen lassen; die einzelnen Stationen (= Linien) werden mit Symbolen, Wortkarten oder Bildern markiert. Die Mitte wird mit besonders ausgesuchtem Legematerial gestaltet.

- **Gang nach Emmaus**
das thema mit Rundstäben legen lassen; diemal wird von innen nach außen gegangen. Die Mitte wird zum Zeichen der Trauer mit einem schwarzen Tuch bedeckt. Jede/r Schüler/in erzählt, wie sich die Jünger fühlen, was sie sich denken und darf dabei an einen Holzstab einen Stein legen. Am Ende der Spirale wird ein Teller mit einer Scheibe Brot gestellt, die geteilt wird. Daraufhin wird die Osterkerze angezündet und jede/r Schüler/in darf für den Weg in die Spirale den Stein durch ein Teelicht ersetzen, das an der Osterkerze angezündet wurde und formulieren, wie es den Jüngern jetzt ergeht. Zum Schluss wird das schwarze Tuch in der Mitte durch ein gelbes ersetzt, die Osterkerze darauf gestellt und ein Osterlied gesungen.

- **Reich Gottes**
Als Jesus von den Pharisäern gefragt wurde, wann das Reich Gottes komme, antwortete er: „Das Reich Gottes kommt nicht so, dass man es an äußeren Zeichen erkennen könnte. Man kann auch nicht sagen: Seht, hier ist es! oder: Dort ist es! Denn: Das Reich Gottes ist (schon) **mitten** unter euch." (Lk 17,20f.)

In die Mitte des *themas* als Legebild werden Reich Gottes-Karten gelegt, vorgelesen und besprochen:

<u>Die Werke der Barmherzigkeit</u>:

Ich war hungrig und ihr habt mir zu essen gegeben. (Mt 25,35)
Ich war durstig und ihr habt mit zu trinken gegeben. (Mt 25,35)
Ich war fremd und ohne Wohnung und ihr habt mich aufgenommen. (Mt 25,35)
Ich war nackt und ihr habt mir Kleidung gegeben. (Mt 25,35)
Ich war krank und ihr habt mich besucht und mich versorgt. (Mt 25,36)
Ich war gefangen und ihr seid zu mir gekommen. (Mt 25,36)

Jede/r Schüler/in schreibt selbst ein Beispiel, wie er/sie das Reich Gottes erfahren hat und legt es ebenfalls in die Mitte:

Satzmuster: Ich war...
                 und ihr habt/ du hast...

Dann versuchen die Schüler/innen zu reflektieren, wie sie aus diesem Geist heraus zum Heil der Menschen handeln und so Gottes Reich an möglichst vielen Orten mitten unter die Menschen kommen zu lassen. Dazu beschriften sie Wortkarten mit <u>Vorsätzen</u>, die sie vom Zentrum des *themas* nach außen legen.

Evtl. kann das Bodenbild mit Lichtsymbolik sinnenhaft unterstützt werden.

8. Kapitel:
Umgang mit Symbolen

8. Umgang mit Symbolen

Erfahrungen mit Symbolen werden schon im frühen Kindesalter gemacht. Die offene Tür, durch die ein Lichtspalt ins dunkle Zimmer dringt, nimmt die Angst vor dem Einschlafen, der Teddybär im Arm tröstet über die Abwesenheit der Eltern hinweg. Solche Symbolerfahrungen tragen dazu bei, das Verstehen biblischer Erzählungen vorzubereiten. Da Symbole im Gegensatz zum Zeichen offen und mehrdeutig sind, ist es Aufgabe des Religionsunterrichts, mit den Schüler/innen Zugänge zu Symbolen zu erschließen. Denn christliche Symbole lassen sich nur dann in ihrer heilenden und sinn-orientierenden Kraft erahnen, wenn die Schüler/innen sensibilisiert werden, die Mehrdeutigkeit der Dinge in ihrer Lebenswelt zu sehen. Dieses Hinführen zum Symbol geschieht durch wahrnehmen, mitteilen und gestalten von elementaren Symbolen, also durch das Lernen mit allen Sinnen. Grund- oder Ursymbole sind u.a. das Haus als Symbol der Geborgenheit, der Tisch als Symbol der Gemeinschaft, Licht als Symbol des Lebens, die Tür als Symbol des Neubeginns und der Hoffnung, und Wasser als Symbol der Reinigung, aber auch der Bedrohung.

In den folgenden Ausführungen werden Möglichkeiten gezeigt, wie das Symbol „Wasser" in vier didaktischen Schritten erschlossen werden kann.[1]
Dazu gehört zunächst das Bewusstmachen der vielfältigen äußeren Erscheinungsformen von Wasser, dann die Sensibilisierung der Sinne in Wahrnehmungs- und Einfühlungsübungen, in denen Wasser akustisch, optisch und haptisch wahrgenommen wird, und schließlich das Entdecken der Mehrschichtigkeit des Symbols Wasser in den biblischen Texten und seine Bedeutung bei der Spendung der Taufe. Zuletzt stehen Überlegungen an, welche Konsequenzen der/die Schüler/in aus dem Entdecken und inneren Erleben des Symbols zieht und wie sie sich auf die zukünftige Gestaltung seines / ihres Lebens und Glaubens auswirken.

---

[1] vgl. Norbert Weidinger, *Symboldidaktik, in: Handreichungen. Der Lehrplan Katholische Religionslehre. Einführung und Grundlegung. Arbeitshilfen zum Lehrplan Katholische Religionslehre an der Hauptschule, hg. Kath. Schulkommissariat in Bayern. München 1997, 103-110.*

Mögliche Artikulationsstufen symboldidaktischen Unterrichtens

Symbol „Wasser"

Didaktischer Hinweis:

Voraussetzung für die Erschließung von Glaubenssymbolen ist, dass die Schüler/innen zunächst sensibel werden für das Wahrnehmen und Entdecken, beispielsweise von Erscheinungen in der Natur, für meditative Stimmungen, die zur Ruhe und Konzentration führen sowie Achtung vor symbolhaften Gegenständen und dem ungestörten gemeinsamen Tun entwickeln.

Als einzelne Schritte symboldidaktischen Unterrichtens (im Sinne von **Artikulationsstufen**) wären denkbar: erleben - wahrnehmen - deuten - (neu) handeln.[1]

1. Artikulations- stufe	Inhalte	Unterrichtliche Erschließung
erleben	**Erscheinungsformen von Wasser:** sauberes Leitungswasser, warmes Badewasser, prickelnde Dusche, verschmutztes Wasser einer Pfütze, kohlensäurehaltiges Mineralwasser, plätschernder Bach, salziges Meerwasser, strömender Regen, pulvriger Schnee, glitzernder Tau, Tränen, sprudelndes Quellwasser, meterhohe Wellen, abgestandene Lache, ruhiger See, reißender Fluss, ölverseuchtes Grundwasser...	*Reflektieren des alltäglichen Erlebens von Wasser:* Die Schüler/innen sollen möglichst viele unterschiedliche Erscheinungsformen von Wasser sammeln. *Weiterführende Fragen:* - Wieviel Wasser braucht der Mensch? - Wie funktioniert unsere Wasserversorgung? - Kreislauf des Wassers - Gefahren des Wassers

[1] vgl. *Norbert Weidinger, Symboldidaktik*, in: *Handreichungen. Der Lehrplan Katholische Religionslehre. Einführung und Grundlegung. München 1997, 108*

2. Artikulations-stufe	Inhalte-Sachaspekte	Unterrichtliche Erschließung
wahrnehmen	**Redewendungen der Alltagssprache**: „Stille Wasser sind tief." „Die haben mich im Regen stehen lassen." „Steter Tropfen höhlt den Stein."	*Helfen beim sprachlichen Verständnis.* *Redewendungen auf blaue Papiertropfen schreiben lassen.*
	Wasserausstellung	*Förderung der visuellen Wahrnehmung: Wasser in vielfältigen Erscheinungsarten* Gläser aufstellen, die mit Leitungs-, Spülwasser, Sprudel, Wasser aus einer Pfütze gefüllt sind.
	Farbmischung	Wasser im Glas mit ein bis zwei Farben vermischen und Beobachtungen mitteilen lassen.
	Mit Instrumenten **Wassergeräusche** imitieren: Regenrohr, Trommel, Murmeln eines Bachs mit Glockenspiel oder Orff-Instrumenten	*Ausdrucksspiel, das die Lebendigkeit von Wasser, aber zugleich auch die eigene Lebendigkeit zum Ausdruck bringt.*
	Wasser als Kostbarkeit	*Behutsamkeit, Sorgfalt im Umgang mit Wasser* Eine bis zum Rand gefüllte **Schale mit Wasser** wird im Kreis so vorsichtig weitergegeben, dass kein Tropfen verschüttet.
	Malen von **Wasserbildern** mit Finger- oder Wasserfarben im Rhythmus zu entsprechender Musik	z.B. „Die Moldau" von Smetana, „La mer" von Debussy *Empfindungen werden wachgerufen werden und in Farben und Formen ausgedrückt.*
	Wirkung von Wasser: **Stationen** zum Experimentieren - Ein Korken, Legostein, Stein wird in eine Schale Wasser gelegt Was geht unter? - Eine Hand wird mit Kleber eingeschmiert und dann gewaschen. Anschließendes Gefühl? - Wasserfarbe wird relativ unverdünnt auf ein Blatt aufgetragen; ein Wassertropfen fällt darauf. Wirkung? - Ein Eiswürfel wird in heißes Wasser gelegt und beobachtet, wie schnell er sich auflöst.	*Anhand verschiedener Stationen sollen die Schüler/innen Experimente mit Wasser durchführen, ihre Beobachtungen schriftlich festhalten und anschließend gemeinsam diskutieren.*

Artikulations-stufe	Inhalte - Sachaspekte	Intentionen - Unterrichtliche Erschließung
3. Artikulationsstufe deuten (biblische Wasser-Geschichten und Wasser-Worte)	**AT:** **Sintflut** (Gen 7,17-8,22)	*Bild für die Gefährdung der lebendigen Natur und Appell an die Menschen, allem was lebt, das Überleben zu sichern.*
	Durchzug durch das Schilfmeer (Ex 14)	*Wasser als lebensrettendes Element erfahren*
	Erzählung vom **wasserspendenden Felsen** (Ex 17,1-7)	*Gott selbst ist die „Quelle lebendigen Wassers"* (vgl. Jer 2,13)
	Psalm- und Prophetenworte:	*Wasser als lebensspendendes Element erfahren*
	Er zog aus der Höhe herab und fasste mich, zog mich heraus aus gewaltigen Wassern. (Ps 18,17) Er weidet mich auf grüner Au und führt mich zum frischen Wasser. (Ps 23,2) Lass nicht zu, dass die Flut mich überschwemmt, die Tiefe mich verschlingt (Ps 69,16) Du bist es, der die Quellen zu Tal sprudeln lässt; zwischen den Bergen fließen sie dahin. (Ps 104, 10) Geh du durch Wasser, ich bin bei dir, durch Ströme, sie werden dich nicht überfluten. (Jes 43,2a) Du wirst wie ein gut bewässerter Garten sein, wie eine Quelle, deren Wasser nie versiegt. (Jes 58,11b)	Wortkarten mit einem Vers werden um eine Schale mit Wasser gelegt und vorgelesen. Die Schüler/innen suchen sich ein passendes Bibelwort aus und schreiben es in Schönschrift ab. Darunter wird ein passendes Bild gemalt und die Schüler/innen formulieren ihre eigenen Gedanken, Assoziationen und Empfindungen dazu.
	NT: **Jesus wandelt auf dem Wasser und ruft Petrus** (Mt 14,22-33)	*Vertrauen können, auch wenn man keinen festen Boden unter den Füßen hat*
	Stillung des Sturms (Mt 8,23-27)	*Vertrauen können in den Stürmen des Lebens*
	Jesus und die Frau aus Samarien (Jo 4,1-42)	*Jesus als Lebensquell für den, der sich auf ihn einlässt, selbst zu ihm kommt und in bleibender Gemeinschaft mit ihm lebt.*

3. Artikulationsstufe	Inhalte – Sachaspekte	Intentionen – Unterrichtliche Erschließung
	Die Zeichen „Wasser" und „Kreuz" in der Taufe[2]	*Wasser gilt als das grundlegende Symbol des Taufsakraments - Zeichen für die Reinigung von Sünde und Schuld und das Eintauchen in ein neues Leben - ein Leben mit Gott.*
	Legebild: Blaues Tuch u. Schale mit Wasser in der Mitte, Kerze daneben (brennt nicht!) ⇒ Symbolik für Taufe Jesu im Jordan 4 braune Tücher bereithalten	*Erfahrungshintergrund für die Taufhandlung wird vorbereitet.* Jede Schüler/in darf einmal seine Finger (Hand) ein- und untertauchen u. abtropfen lassen. Ein/e Schüler/in hält unter Augenschluss seine/ihre Hand über die Schüssel mit Wasser. Ein anderes Kind gießt ihm/ihr mit einem kleinen Krug Wasser darüber
deuten (Wasser der Taufe)	LE: Ganz erfüllt vom Hl. Geist, von der Kraft Gottes, geht Jesus vom Jordan weg zu den Menschen, in die Städte u. Dörfer.	Das 1. braune Tuch wird als Weg vom Jordan weg gelegt.
	Jesus geht zu den Menschen, die traurig sind. Er sagt zu ihnen: „Seid nicht traurig. Ich bin bei euch!"	Das 2. braune Tuch wird gelegt.
	Jesus geht zu den Sündern. Er sagt: „Gott hat euch lieb. Er sucht euch wie ein Hirte, der seine Schafe sucht."	Das 3. braune Tuch wird gelegt.
	Dann geht Jesus den Kreuzweg: ein schwerer Weg! Gott hat ihn aber auferweckt. Jesus ist auferstanden, er lebt!	Das 4. braune Tuch wird gelegt. Kerze anzünden
	Bevor Jesus zu Gott heimkehrt, sagt er seinen Freunden: „Tauft die Menschen! Tauft sie mit Wasser und dem Zeichen des Kreuzes! Alle Menschen sollen mein Leben empfangen! Tauft sie im Namen des Vaters und des Sohnes und des Hl. Geistes (*WK*)	
	Transfer: Auch du hast in der Taufe mit Wasser das Kreuzzeichen bekommen!	*Verinnerlichung der Symbolhandlung und Übertragung auf die Situation der Schüler/innen:* Finger in Wasser tauchen und sprechen: „Im Namen des Vaters..."
	Gebet: In der Taufe hast du, Jesus, mich beim Namen gerufen. Im Wasser bin ich getauft, dein Leben ist in mir. Mit deinem Zeichen bin ich getauft; dein Kreuzzeichen beschützt mich. Ich darf mit dir leben, Jesus. Amen	

[2] vgl. RPA 1988/1, Ich bin getauft im Namen des Vaters..., 51ff.

4. Artikulations- stufe	Inhalte - Sachsaspekte	Intentionen - Unterrichtliche Erschließung
(neu) handeln	**„Durst auf Leben"** (Überkinger-Werbung) [3] – Disco, Reisen, Spass, Action, Rauchen, Graffiti sprühen, Hiphop, Freundschaft, tun, was man will... **Durst nach Gott** (Ps 42) Stille, echte Freundschaft, Liebe, sich wohl fühlen, mit sich eins sein, gelassen sein, angenommen sein, sich etwas zutrauen, Kraft spüren, Verzeihung erlangen, Hilfe geben oder erfahren...	*Durst als Metapher für menschliche Sehnsucht*
	Gestalten von Wasserbildern oder **-collagen** nach dem Satz aus dem **Sonnengesang des Franz von Assisi:** Gelobst seist du, mein Herr, durch Schwester Wasser, die sehr dienlich ist und bescheiden und köstlich und rein.	*Wasser als Mitgeschöpf, das nicht unreflektiert unseren Bedürfnissen unterworfen werden kann* Auf einer großen Papierrolle oder Tapete dürfen Schüler/innen in Kleingruppen jeweils einen Aspekt von dem Satz aus dem Sonnengesang mit Wachsmalkreiden, Filzstiften, Wasser- oder Holzfarben etc. malen. Anschließend stellt jede Schülerin / jeder Schüler ihr/sein Werk vor. Dann geht jede Schülerin / jeder Schüler im Uhrzeigersinn einen Platz weiter und gestaltet das vor ihr/ihm liegende Bild mit Materialien, wie Krepppapier, Strohhalmen, Seiden- oder Buntpapier in Blau- und Grüntönen als Collage weiter. Nach Beendigung werden Assoziationen ausgetauscht.
	Kreatives Schreiben nach dem Satzmuster: „Gelobst seist du, mein Herr, durch Schwester Wasser..." **Wasser heißt Leben:** Text weiterschreiben: Ohne Wasser wird die Erde zur Wüste. Ein Regenguss - und die Wüste wird grün. Wasser heißt Leben.	*Schüler/innen formulieren eigene Gedanken, identifizieren sich dabei mit ihrer Umwelt und werden sensibel für die Probleme,* z.B. Ohne Wasser werden Blumen verwelken. Ein Guss aus der Gießkanne und die Blumen fangen an zu blühen. Wasser heißt Leben.

[3] vgl. Norbert Weidinger, a.a.O., 109 f.

9. Kapitel:
Leistungsbeurteilung im Religionsunterricht

9. Kapitel:
Leistungsbeurteilung im Religionsunterricht

9. Leistungsbeurteilung im Religionsunterricht

Der Religionsunterricht gehört in der öffentlichen Schule zu den ordentlichen Lehrfächern (GG Art.7,3). Notengebung und Leistungsermittlung sollten hinsichtlich Inhalt, Form und Anforderungsniveau mit anderen Pflichtfächern vergleichbar sein.

Schriftliche Leistungsnachweise werden durch Probearbeiten (auch Klassenarbeiten, Lernzielkontrollen oder Schulaufgaben genannt) erbracht, die die Lerninhalte mehrerer Unterrichtsstunden oder einer gesamten Unterrichtseinheit aufgreifen. Die von Schüler/innen geforderte schulische Leistung wird durch Lernziele beschrieben und kann sich auf verschiedenen Anforderungsebenen bewegen. Damit nicht nur auswendig gelerntes Wissen reproduktiv abgefragt wird, hat bereits 1970 der Deutsche Bildungsrat im Strukturplan für das Bildungswesen vier Niveaustufen vorgeschlagen (Reproduktion - Reorganisation - Transfer - Problemlösen), die die Anforderungen nach dem Grad der Selbständigkeit der Leistung differenzieren. Diese Niveaustufen fordern die Schüler/innen über das Reproduzieren von Gelerntem hinaus auf, erlerntes Wissen selbständig anzuwenden, auf ähnliche Aufgabenstellungen bzw. ihre Lebenswelt zu übertragen sowie problemlösend weiterzuentwickeln.

Reproduktionsleistungen tragen kaum dazu bei, dass Schüler/innen sich in einem dialogischen Prozess mit Lebens- und Glaubensfragen auseinandersetzen, während sie auf der Stufe der Reorganisation das Gelernte durch Zuordnen oder Vergleichen immerhin anwenden. Transferleistungen, die einen Sachverhalt gliedern, darstellen oder auf ähnliche Situationen übertragen lassen sowie Aufgaben, die das problemlösende und kreative Denken fördern, werden einem Religionsunterricht gerecht, der in der Auseinandersetzung mit biblischer und christlich-kirchlicher Überlieferung den Schüler/innen Raum eröffnet, eigene Lebensorientierungen zu gewinnen.[1]

Was Schüler/innen bei entsprechender Aufgabenstellung dann schriftlich darlegen, kann miteinander verglichen und benotet werden.[2] Bei der Benotung ist es möglich, die Aufgaben mit einfachen Anforderungen (Reproduktion und Reorganisation) schwächer bzw. mit höheren Anforderungen (Transfer und Problemlösendes Denken) entsprechend stärker zu gewichten. Nicht zu beurteilen und zu benoten sind persönliche Einstellungen und Verhaltensweisen hinsichtlich Glaube und Kirche.

Im vorliegenden Kapitel werden Möglichkeiten vorgestellt, wie die vier Lernzielniveaustufen in einer schriftlichen Leistungskontrolle der 4. Klasse praktisch angewandt und benotet werden können. In der schriftlichen Leistungsbeurteilung werden vor allem Sachkompetenz (inhaltlich fachliches Lernen) und methodische Kompetenz (Lernen von Arbeitstechniken) der Schüler/innen gemessen. Außer diesen kognitiven Lerndimensionen sollten in mündlichen Leistungserhebungen auch psychosoziale Lerndimensionen berücksichtigt werden, die die soziale (sozial-kommunikatives Lernen) und affektive Kompetenz (affektiv-emotionales Lernen) erfassen.[3]

---

[1] vgl. Karin Eisbrenner, *Leistungsbeurteilung im Religionsunterricht. Keine einfache Aufgabe*, in: Grundschulmagazin 1/1998, 19

[2] vgl. Gerd Birk, *Leistungsmessung im RU der Hauptschule*, in: Handreichungen. Der Lehrplan Katholische Religionslehre. Einführung und Grundlegung. München 1997, 117

[3] vgl. *Übersichtsmodell nach Klippert*, in: Erfassen von Schülerleistungen in den Sachfächern der Hauptschule. Handreichung zur Leistungsermittlung und Leistungsbeurteilung, hg. Staatsinstitut für Schulpädagogik und Bildungsforschung München. Donauwörth 1995, 8

Anhand von Beispielen lassen sich die Dimensionen der Schulleistung für den Religionsunterricht folgendermaßen inhaltlich beschreiben:[4]

Kognitive Lerndimension		Psychosoziale Lerndimension	
Sachkompetenz	**Methodische Kompetenz**	**Soziale Kompetenz**	**Affektive Kompetenz**
Inhaltlich-fachliches Lernen	**Lernen von Arbeitstechniken**	**Sozial-kommunikatives Lernen**	**Affektiv-emotionales Lernen**
z.B. - Zentrale Inhalte biblischer und christlicher Überlieferung kennen - Formen des Glaubenslebens in Gottesdienst und Pfarrgemeinde verstehen - Christlich geprägte Kulturformen in Musik, Literatur, Architektur und Kunst kennen und verstehen - Verschiedene Gebetsweisen kennen - Fragen nach sich, nach dem Zusammenleben mit anderen und nach Gott artikulieren - Christliche Feste und Bräuche kennen - Elementare Symbole u. Symbolsprache verstehen und reflektiert mit ihnen umgehen ...	z.B. - Texte und Bilder erschließen und deuten - Zusammenhänge zwischen Texten und Bildern und einem Sachverhalt erkennen - Eigene kreative Ausdrucksmöglichkeiten entwickeln - Informationen zu biblischen und religiösen Sachthemen beschaffen und auswerten - Mit der Bibel als Buch der Kirche umgehen - Interviews und Projekte planen und durchführen ...	z.B. - Engagement für Gerechtigkeit, Frieden und Bewahrung der Schöpfung aufbauen - Andere Meinungen wahrnehmen und sich sachlich mit ihnen auseinandersetzen - Kommunikations- und Kooperationsfähigkeit entwickeln - Ausdrucksformen d. Versöhnung kennen - Fremdes und eigenes Handeln an Kriterien ethisch verantwortbaren Handelns messen - Menschen einer anderen Religion oder Kultur gegenüber Toleranz entwickeln - Kritisches Urteilsvermögen im Hinblick auf die Gestaltung sozialer Beziehungen entwickeln ...	z.B. - Sich selbst in seiner Einmaligkeit wahrnehmen und mitteilen - Lebenseinstellungen vor dem Hintergrund biblischer Erfahrungen überprüfen und neu entwickeln - Eine Situation aus der Sicht eines Mitmenschen sehen und beurteilen - Gefühle kultivieren und zum Ausdruck bringen ...

[4] vgl. *Übersichtsmodell nach Klippert*, in: Erfassen von Schülerleistungen in den Sachfächern der Hauptschule. Handreichung zur Leistungsermittlung und Leistungsbeurteilung, hg. Staatsinstitut für Schulpädagogik und Bildungsforschung München. Donauwörth 1995, S 8. Karin Eisbrenner, Leistungsbeurteilung im Religionsunterricht. Keine einfache Aufgabe, in: Grundschulmagazin 1/1998, 20f.
Grundlagenplan für den katholischen Religionsunterricht in der Grundschule, hg. Zentralstelle Bildung der Deutschen Bischofskonferenz, 1998

Übungsaufgabe zum Thema: Leistungsbeurteilung im RU

Die Lernzielstufen[1]: Ansätze für die Bewertung von schriftlichen Leistungskontrollen				
	Reproduktion	**Reorganisation**	**Transfer**	**Problemlösendes Denken**
Beschreibung	Schüler/in gibt gedächtnismäßig verankerte Sachverhalte wieder. Sämtliche Fragen stehen analog im Religionsheft.	Schüler/in verarbeitet selbständig den vorher gelernten Stoff, wobei er/sie Kürzungen, Ergänzungen, Vergleiche und Akzentuierungen durchführt.	Schüler/in überträgt Grundprinzipien des Gelernten auf neue, wenn auch ähnliche Aufgabenstellungen.	Schüler/in löst in kreativer Weise Aufgaben mit relativ neuen (wenn auch ähnlichen) Strukturen.
Aufgabenstellungen	Nenne... Gib an... Beschreibe...	Vergleiche... Ordne zu... Finde Unterschiede / Gemeinsamkeiten...	Gliedere... Erkläre... Stelle dar... Übertrage...	Beurteile... Begründe...
Beispiele	„Wie lief der Tag bei den Nomaden ab?"	„Die Israeliten brechen in der Wüste den Bund mit Gott. Gegen welches Gebot verstoßen sie?"	„Wann handeln Menschen wie ein guter Hirte? Finde Beispiele!"	„Wie würdest du ´Ökumene´ bildnerisch darstellen?"

Übungsaufgaben

1) Ordnen Sie bei der Ihnen vorliegenden schriftlichen Leistungskontrolle die Aufgaben den vier Lernzielstufen zu.

2) Laut „Handreichung zur Leistungsermittlung und Leistungsbeurteilung" kann bei der Verwendung mehrerer Lernzielstufen „eine stärkere Gewichtung der Aufgabe durch eine Zuordnung höherer Punktzahlen erfolgen."[2]
Wie viele Punkte würden Sie pro Aufgabe vergeben?

---

[1] vgl. *Handreichung zur Ermittlung und Beschreibung von Schülerleistungen in der Grundschule, hg. Staatsinstitut für Schulpädagogik und Bildungsforschung München. Donauwörth 1987, 36*
[2] *Erfassen von Schülerleistungen in den Sachfächern der Hauptschule. Handreichung zur Leis-tungsermittlung und Leistungsbeurteilung, hg. Staatsinstitut für Schulpädagogik und Bildungsforschung München. Donauwörth 1995, 46*

Kath. Religionslehre   Datum: _____

4. Klasse   Name: _____

LZK zum Thema: *Die Botschaft Jesu von der Versöhnung*

---

1) Jesus und die **Sünderin**:

   So geht es der Sünderin, bevor sie Jesus trifft:

   Sie _____

   _____

   _____

   Beschreibe in mehreren Sätzen, wie Jesus sie aufrichtet:

   _____

   _____

   _____

2) Jesus redet mit der Sünderin so, dass sie sich von ihrer Schuld **befreit** fühlt. Was könnten wir einander **sagen**, wenn wir uns falsch verhalten haben?

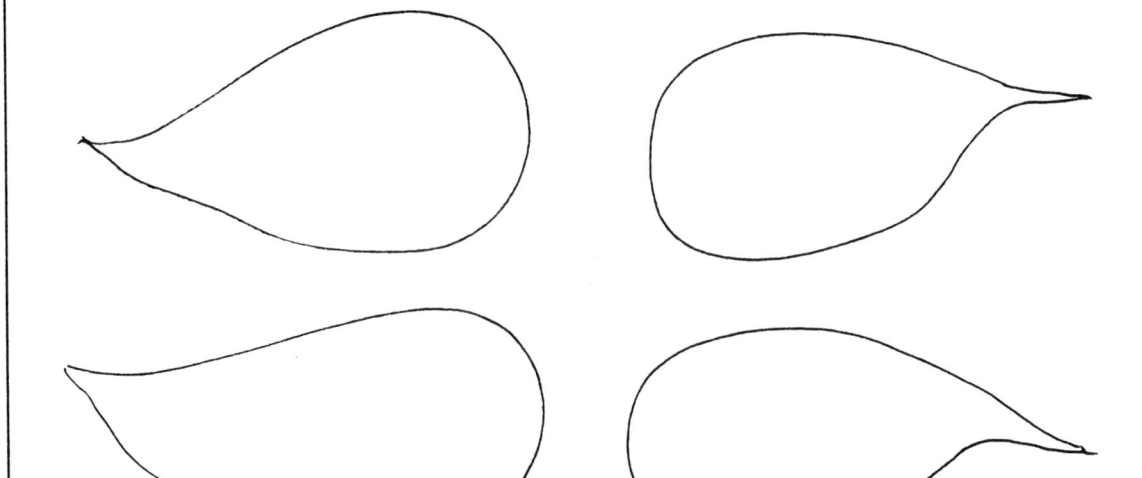

3) Wie zeigt der Vater im „Gleichnis vom **barmherzigen Vater**", dass er seinem jüngeren Sohn verzeiht?

_____

_____

Nenne weitere **Zeichen** der Versöhnung! _____

_____

Was möchte uns das Gleichnis über **Gott** sagen? _____

_____

4) **Jesus** verkündet:

> Gott steht zu _____ Menschen.
>
> Er verurteilt _____ ;
>
> _____ nimmt er an, weil er uns _____ !

Manche **freuen** sich. Sie sagen:	Manche **ärgern** sich. Sie sagen:
_____	_____
_____	_____
_____	_____

Ordne zu und finde noch je ein eigenes Beispiel!

Was erlaubt sich Jesus, so von Gott zu reden?

Ich möchte diese gute Nachricht weiter tragen!

Warum ist Gott nicht nur für mich da?

Wie kann ich ein Jünger von Jesus werden?

Lösungsblatt:

LZK zum Thema: *Die Botschaft Jesu von der Versöhnung*

---

1) Jesus und die **Sünderin**:

So geht es der Sünderin, bevor sie Jesus trifft:

Sie *fühlt sich traurig, hat ein schweres Herz, ist ausgestoßen, sie wird verachtet, sie möchte alles wieder gut machen, sie würde am liebsten weinen.*

$\Rightarrow$ **3 P.: *Reproduktion***

Beschreibe in mehreren Sätzen, wie Jesus ihr begegnet:

Jesus richtet sie wieder auf. Er verzeiht der Sünderin ihre Schuld. Er beschützt sie vor den anderen Menschen. Er sagt, sie solle es nie wieder tun.

$\Rightarrow$ **4 P.: *Reproduktion***

2) Jesus redet mit der Sünderin so, dass sie sich von ihrer Schuld **befreit** fühlt. Was könnten wir einander **sagen**, wenn wir uns falsch verhalten haben?

- *Es tut mir leid! Hoffentlich habe ich dir nicht weh getan!*
- *Wir haben beide Schuld!*
- *Entschuldige, ich habe mich falsch verhalten!*
- *Komm, lass uns zusammen Fußball spielen!*

$\Rightarrow$ **4 P.: *Transfer / Problemlösendes Denken***

3) Wie zeigt der Vater im „Gleichnis vom **barmherzigen Vater**", dass er seinem jüngeren Sohn verzeiht?

Er läuft ihm entgegen, umarmt ihn, gibt ihm ein schönes Gewand, Schuhe und einen goldenen Ring und lässt ein Festmahl feiern.
⇒ **4 P.: *Reproduktion***

Nenne weitere **Zeichen** der Versöhnung!   *Blumen schenken, die Hand geben, ein Eis spendieren, miteinander spielen*
⇒ **4 P.: *Reorganisation***

Was möchte uns das Gleichnis über **Gott** sagen?   *Auch wenn wir sündigen, nimmt Gott uns immer wieder auf, wenn es uns leid tut.*
⇒ **3 P.: *Transfer***

4) **Jesus** verkündet:

> Gott steht zu ___*allen*___ Menschen.
>
> Er verurteilt ___*keinen*___ ;
>
> ___*Jeden*___ nimmt er an, weil er uns ___*liebt*___!

⇒ **2 P.: *Reproduktion***

Manche **freuen** sich. Sie sagen:

Ich möchte diese gute Nachricht weiter tragen.

Wie kann ich ein Jünger werden?

Schön, dass es Jesus gibt!

Manche **ärgern** sich. Sie sagen:

Was erlaubt sich Jesus?

Warum ist Gott nicht nur für mich da?

Ich verstehe diesen Jesus nicht!

Ordne zu und finde noch je ein eigenes Beispiel!

Was erlaubt sich Jesus, so von Gott zu reden?
   Ich möchte diese gute Nachricht weiter tragen!
Warum ist Gott nicht nur für mich da?
   Wie kann ich ein Jünger von Jesus werden?

⇒ **6 P.: *Reorganisation / Transfer***

Literaturverzeichnis

Bill, Max: Retrospektive. Skulpturen, Gemälde, Graphik 1928-1987. Kat. Ausst. Frankfurt 1987

Birk, Gerd: Leistungsmessung im Religionsunterricht in der Hauptschule, in: Handreichungen. Der Lehrplan Katholische Religionslehre. Einführung und Grundlegung. Arbeitshilfen zum Lehrplan Katholische Religionslehre an der Hauptschule, hg. Kath. Schulkommissariat in Bayern, München 1997, 114-118

Bruderer, Markus: RU kreativ. Methoden - Konzeptionen - Materialien für einen erfolg-reichen Religionsunterricht. München (dkv) 1997

Buck, Elisabeth: Bewegter Religionsunterricht. Theoretische Grundlagen und 45 kreative Unterrichtsentwürfe für die Grundschule. Göttingen 1997

Bürgermeister, Konrad Marieluise **Moser**, Andrea **Wirth**: Bei Sinnen sein. Zu sich und zu Gott finden. Ganzheitliche Wege persönlichen Betens in Schule und Gemeinde. Ein Praxisbuch. Winzer 1998

Eisbrenner, Karin: Leistungsbeurteilung im Religionsunterricht. Keine einfache Aufgabe, in: Grundschulmagazin 1/1998, 19-21

Erfassen von Schülerleistungen in den Sachfächern der Hauptschule. Handreichung zur Leistungsermittlung und Leistungsbeurteilung, hg. Staatsinstitut für Schulpädagogik und Bildungsforschung München. Donauwörth 1995

Fleckenstein, Wolfgang: Die Funktion des Tafelbildes im (Religions-)Unterricht, in: KatBl 120. München 1995, 198-205

Gandlau, Thomas: Didaktische Orientierung: Ziele und Inhalte, in: Handreichungen. Der Lehrplan Katholische Religionslehre. Einführung und Grundlegung. Arbeitshilfen zum Lehrplan Katholische Religionslehre an der Hauptschule, hg. Kath. Schulkommissariat in Bayern, München 1997, 89 - 91

Goecke-Seischab, Margarete Luise: Von Klee bis Chagall. Kreativ arbeiten mit zeitgenössischen Graphiken zur Bibel. München / Stuttgart 1994

Grundlagenplan für den katholischen Religionsunterricht in der Grundschule, hg. Zentralstelle Bildung der Deutschen Bischofskonferenz, München 1998

Handreichung zur Ermittlung und Beschreibung von Schülerleistungen in der Grundschule, hg. Staatsinstitut für schulpädagogik und Bildungsforschung München. Donauwörth 1987

Handreichungen 7/1. Arbeitshilfen zum Fachlehrplan Katholische Religionslehre an der Hauptschule, hg. Kath. Schulkommissariat in Bayern. München 1997

Herion, Horst: Methodische Aspekte des Religionsunterrichts. Ein Kompendium zu Grundsatzfragen, Planung und Gestaltung des Unterrichts, hg. KEG. Donauwörth 1990

Höfer, Albert: Gottes Wege mit den Menschen. Ein gestaltpädagogisches Bibelwerkbuch. München 1993

Hörsken, Ralf: „Putzt mal bitte jemand die Tafel!", in: Schulmagazin 5 bis 10, 6/1998, 13-16

Kraus, Josef u.a.: Wege in die Tiefe. Möglichkeiten, Schüler im Religionsunterricht zu einer tieferen Sicht der Wirklichkeit anzuleiten, hg. Kath. Schulkommissariat in Bayern. München 1993

Maras, Rainer: Das Tafelbild: Das Ordnen unterrichtlichen Tuns, in: Schulmagazin 5 bis 10, 6/1998, 8-11

Materialbrief 1/94 RU. Beiheft zu den Kat Bl., hg. Dt. Katecheten-Verein e.V. München 1994

Meyer, Hilbert: UnterrichtsMethoden II: Praxisband. Frankfurt am Main ^{2}1989

Oberthür, Rainer, **Mayer**, Alois: Psalmwort-Kartei. In Bildworten der Bibel sich selbst entdecken. Heinsberg 1995

Reil, Elisabeth: Elementarisierung religiösen Lernens und anzustrebende Qualifikationen im Religionsunterricht der Hauptschule, in: Handreichungen. Der Lehrplan Katholische Reli-gionslehre. Einführung und Grundlegung. Arbeitshilfen zum Lehrplan Katholische Religions-lehre an der Hauptschule, hg. Kath. Schulkommissariat in Bayern, München 1997, 54-57

Religion in der Grundschule 4. planen - gestalten - erleben. Lehrerarbeitsmappe mit Kopiervorlagen, erarb. Monika Hutter. München 1991

Religionspädagogische Praxis. Handreichungen für eine elementare Religionspädagogik. Ich bin getauft im Namen des Vaters und des Sohnes und des Hl. Geistes. Landshut Heft 1/1988

Religionspädagogische Praxis. Handreichungen für eine elementare Religionspädagogik. Welt entdecken - schauen - deuten - gestalten. Landshut, Heft II/1995

Rendle, Ludwig u.a.: Ganzheitliche Methoden im Religionsunterricht. Ein Praxisbuch. München 1996

Rüttiger, Gabriele: Wegweiser durch das Jahrespraktikum. Ein Handbuch für Mentorinnen und Mentoren. München o.J

Schmid, Hans: Die Kunst des Unterrichtens. Ein praktischer Leitfaden für den Religions-unterricht. München 1997

Schweitzer, Friedrich u.a.: Religionsunterricht und Entwick-lungspsychologie. Elementarisierung in der Praxis. Gütersloh 1995

Weidinger, Norbert: Symboldidaktik, in: Handreichungen. Der Lehrplan Katholische Religionslehre. Einführung und Grundlegung. Arbeitshilfen zum Lehrplan Katholische Religionslehre an der Hauptschule, hg. Kath. Schulkommissariat in Bayern, München 1997, 103-110

Für Ihren erfolgreichen Religionsunterricht!

Materialbrief RU in der Primarstufe

NEU!

Hrsg. vom DKV
4 Hefte jährlich mit
je 16 Seiten (ab 2007)
6,80 € zzgl. Versand,
Bestellnr.: 55000
Einzelheft 2,- €

Die 16-seitigen Hefte orientieren sich an den Lehrplanthemen für den Religionsunterricht in der Grundschule. Zu den jeweiligen Themen bietet der Materialbrief eine religionspädagogische Hinführung, methodisch-didaktische Unterrichtsanregungen und vielfältige Bausteine für die Praxis, z.B.:

- Kurzgeschichten, Impulstexte,
- kopierfähige Bildvorlagen und Zeichnungen,
- Lieder (mit Bewegungen) und einfache Tanzanleitungen,
- Spiele, Rätsel, Bastelideen, Arbeitsblätter.

Materialbrief RU in der Sekundarstufe

Hrsg. vom DKV
4 Hefte jährlich mit
je 16 Seiten (ab 2007)
6,80 € zzgl. Versand,
Best.-Nr. 52000
Einzelheft € 2,–

Im Materialbrief RU finden sich zu einem jeweils aktuellen Thema vielfältige Bausteine für die konkrete Arbeit im RU der Sek. I.

- Arbeitsblätter, Impulstexte und kopierfähige Grafiken;
- alternative Methoden für einen kreativen Unterricht;
- Literaturhinweise und Informationen zum jeweiligen Thema.

Bezieher der „Katechetischen Blätter" erhalten die Materialbriefe RU jeweils als Beilage!

Materialbrief Folien für Schule und Gemeinde

Jahresabonnement,
3 Sets mit je 6 Folien
und Textheft,
€ 18,-* zzgl. Versand,
Best.-Nr. 53500,
einzeln € 6,90*

Zu jedem Thema werden sechs Farbfolien (Malerei, Realfotos, Meditationsbilder, Karikaturen ...) zusammengestellt. Dazu im Textheft jeweils eine sorgfältige Bildinterpretation, methodische Anregungen zum Gespräch und Hinweise auf ergänzende Literatur.

Eine Fundgrube mit interessanten und beeindruckenden Bildern zu aktuellen Themen im Religionsunterricht, in der Bildungsarbeit und im Gottesdienst.

* für DKV-Mitglieder 10% Rabatt

Markus Bruderer

RU kreativ

Methoden
Konzeptionen
Materialien

DKV 2006, 96 Seiten,
€ 12,80*, Best.-Nr. 73594

Wie kann ich Textbausteine im RU optimal einsetzen?
Was gilt es beim Erzählen zu beachten?
Wo haben Lieder, Tanz und Spiele ihren Platz?
Was lässt sich ohne viel Aufwand in einem „kreativen RU" realisieren?

Das Werkbuch bietet ReligionslehrerInnen in Grundschule und Sek.I Grundlagen und Methoden für Konzeption und Durchführung eines lebendigen Unterrichts.

* für DKV-Mitglieder 10% Rabatt

**Deutscher Katecheten-Verein e.V.
Buchdienst**

Preysingstraße 97
81667 München
buchdienst@katecheten-verein.de

Bestellungen
☎ 089/4 80 92-12 43
📠 089/4 80 92-12 37

Für Ihren erfolgreichen Religionsunterricht!

Arthur Thömmes

LebensWert

94 Arbeitsblätter für
den Religionsunterricht

DKV 2005, 128 Seiten, DIN A4,
€ 16,80*, Best.-Nr. 73578

Die Lebenswelt der Jugendlichen, ihre Fragen und Erfahrungen, ihre Werte und Ideale stehen im Mittelpunkt der 94 Arbeitsblätter für den Religionsunterricht in der Sekundarstufe I (ab 7. Klasse).
Lebenswerte wie Liebe, Glück, Friede, Beziehungen, Respekt, „Sein und Haben", aber auch Bergpredigt, Theodizeefrage, die „Kardinaltugenden" und die „Todsünden unserer Zeit" werden auf aktuelle, einfallsreiche Weise aufgegriffen und für junge Menschen ins Spiel gebracht.
Die vielseitig einsetzbaren Arbeitsblätter (Kopiervorlagen) regen an zu kreativer Einzel- oder Gruppenarbeit, Rollenspielen und Projekten. Hinzu kommen methodisch-didaktische Hinweise zu den Arbeitsblättern.

* für DKV-Mitglieder 10% Rabatt

Günter Siener

glauben lernen

Wie geht das im
Religionsunterricht?
Ideen und Beispiele
für die Praxis

DKV 2006, 96 Seiten,
€ 12,80*, Best.-Nr. 73594

Ist es angebracht, in der öffentlichen Schule die Kinder und Jugendlichen zum Vollzug des christlichen Glaubens einzuladen und darin einzuüben? Wie kann das geschehen ohne die SchülerInnen, die mit wenig Glaubenspraxis in den Religionsunterricht kommen, zu überfordern?

Die neue Arbeitshilfe hilft, konkrete Antworten auf diese Fragen zu finden, indem sie theologische und didaktische Überlegungen und vor allem ausführliche Unterrichtselemente vorlegt, differenziert nach Altersstufen von der Primar- bis zur Sekundarstufe. Die Entwürfe und Materialien sind mehrfach erprobt.

* für DKV-Mitglieder 10% Rabatt

Reli konkret

20 Themen für
einen kreativen
Religionsunterricht

DKV 2005, 336 Seiten,
mit vielen Bildern und
Arbeitsblättern,
€ 12,80*, Best.-Nr. 73594

Von biblischen bis zu lebensweltlichen Themen spannt sich der Bogen der 20 Unterrichtseinheiten, z. B. zu folgenden Stichworten: Sterben, Engel, Pfingsten, Bibel, Gebet, Islam, Türen, Schöpfung, Weg, Nächstenliebe, Zeit, Angst, Gott ...

Die einzelnen Entwürfe für den Religionsunterricht in der Sekundarstufe I enthalten jeweils Impulstexte, vielfältige Anregungen für eine kreative Umsetzung, kopierfähige Arbeitsblätter und Grafiken sowie methodisch-didaktische Hinweise und Informationen zum Thema.

Eine Fundgrube an abwechslungsreichen Ideen für einen lebendigen Religionsunterricht!

* für DKV-Mitglieder 10% Rabatt

Jedes Schuljahr neu und aktuell!

Religionslehrer-kalender

ca. 256 Seiten, DIN A6
(Postkartenformat)

€ 4,95*, Best.-Nr. 99040

Jedes Jahr im Mai ist der aktuelle Religionslehrerkalender lieferbar, der eine echte Alternative zu den herkömmlichen Lehrerkalendern darstellt.

Natürlich enthält er alles Notwendige (Notenlisten, Stundenplänen etc.) und Nützliche (Ferientermine, Feier- und Namenstage etc.). Er bietet außerdem interessante Impulse, Informationen und Adressen aus den Bereichen Kirche, Schule und Religionsunterricht.

Viele der abgedruckten Texte, Gebete und Bilder sind im RU direkt einsetzbar und tragen dazu bei, diesen lebendiger und aktueller zu gestalten.

Sichern Sie sich schon jetzt Ihr Exemplar!

* für DKV-Mitglieder 10% Rabatt

**Deutscher Katecheten-Verein e.V.
Buchdienst**

Preysingstraße 97
81667 München
buchdienst@katecheten-verein.de

Bestellungen
☎ 089/48092-1243
📠 089/48092-1237